LAS
MEJORES
JUGADORAS
2025

LEYENDAS DEL FÚTBOL

PUBLICADO EN 2024 POR WELBECK CHILDREN'S BOOKS
Parte de Hodder & Stoughton Limited
Carmelite House, 50 Victoria Embankment, Londres, EC4Y 0DZ
Una empresa de Hachette UK
www.hachette.co.uk
www.hachettechildrens.co.uk

Todos los datos estadísticos y mapas de calor proporcionados por Opta, bajo licencia de Stats Perform.

Todos los equipos de las jugadoras y entrenadoras/es son correctos a fecha de 1 de septiembre de 2024.

Autor: Kevin Pettman

Jefe de diseño: Matt Drew

Búsqueda de imágenes: Paul Langan

Producción: Melanie Robertson

Responsable editorial: Víctor Manuel Ruiz Calderón

Composición de cubierta: Celia Antón Santos

Traductor: David Ridruejo Sánchez

© EDICIONES OBERON (GRUPO ANAYA, S. A.), 2025
Valentín Beato, 21. 28037 Madrid
Depósito legal: M. 20.065-2024
ISBN: 978-84-415-5117-6
Impreso y encuadernado en China

CRÉDITOS DE LAS IMÁGENES

La editorial desea dar las gracias a las siguientes fuentes por su permiso para reproducir las imágenes de este libro.

GETTY IMAGES: Eric Alonso 8; ANP 60, 79; Marc Atkins 108B; Naomi Baker/The FA 78; Ira L. Black/Corbis 106T, 110T; Bagu Blanco/Pressinphoto/Icon Sport 40; Jose Breton/Pics Action/NurPhoto 16, 38, 59, 77; Rico Brouwer/Soccrates 72; Henry Browne/The FA 111B; Alex Burstow/Arsenal FC 14, 22, 46; Alex Caparros 63; Steph Chambers 108T; Jenny Chuang/ISI Photos 19, 98; Seb Daly/Sportsfile 17; Kelly Defina 109T; Graham Denholm 102; Elianton/Mondadori Portfolio 51; Eurasia Sport Images 39; Jacques Feeney/Offside 44, 52; Baptiste Fernandez/Icon Sport 18, 106B; Franck Fife/AFP 35, 85; Nigel French/Sportsphoto/Allstar 15; Scott Gardiner 109B; Gaspafotos/MB Media 99; Edith Geuppert/GES Sportfoto 76; Rich Graessle/Icon Sportswire 101; Alex Grimm 30, 53; Oliver Hardt 64, 74, 93, 111T; Jose Hernandez/Anadolu Agency 69; Mike Hewitt 47; Christian Hofer/UEFA 61; Harry How 42; Saeed Khan/AFP 33; Christof Koepsel 49; Harriet Lander/Chelsea FC 36; Harriet Lander/The FA 56; Roy Lazet/Soccrates 55; Chris Lee/Chelsea FC 97; Christian Liewig/Corbis 27; Warren Little 87; Alex Livesey 95; Katharine Lotze 82; Marcio Machado/Eurasia Sport Images 21; Ian MacNicol 57; Ian MacNicol/The FA 90; Carmen Mandato 88; Steven Markham/Icon Sportswire 86; Matt McNulty 107T; Pablo Morano/MB Media 23; C. Morgan Engel 105; Jonathan Moscrop 92; Doug Murray/Icon Sportswire 96; Alex Pantling/UEFA 65; Ulrik Pedersen/DeFodi Images 83; Richard Pelham/The FA 13, 31; Ryan Pierse 9; Daniel Pockett 28; Daniela Porcelli/Eurasia Sport Images 103; Joe Prior/Visionhaus 10, 54, 67, 71; Manuel Queimadelos/Quality Sport Images 11, 89; David Ramirez/Quality Sport Images 25; David Ramos 5, 34, 45, 70; Sandra Ruhaut/Icon Sport 91; Will Russell 12; Pedro Salado 26, 107B; Pedro Salado/Quality Sport Images 29; Fran Santiago/The FA 20; Richard Sellers/Sportsphoto/Allstar 48, 75; Justin Setterfield 24; Brad Smith/ISI Photos/USSF 80; Howard Smith/ISI Photos 73; Diego Souto 50, 94; Janelle St Pierre 62, 68; Darrian Traynor 66; Kenzo Tribouillard/AFP 100; Omar Vega 37, 43; Visionhaus 41, 81; Sebastian Widmann 110B; Evan Yu 7
OTROS: Vecteezy.com, Shutterstock/Design_Lands, Shutterstock/Shiraufa's art

Se han realizado todos los esfuerzos posibles por reconocer correctamente y contactar con la fuente o el propietario del copyright de cada imagen. Cualquier error u omisión accidental se corregirá en futuras ediciones de este libro.

LAS MEJORES JUGADORAS 2025

LEYENDAS DEL FÚTBOL

ESTADÍSTICAS • PERFILES • JUGADORAS *TOP*

OBERON

CONTENIDOS

CÓMO USAR ESTE LIBRO

¡Bienvenido a *Leyendas del fútbol. Las mejores jugadoras de 2025*, que recoge las estadísticas de rendimiento más recientes de las mejores jugadoras y l@s entrenador@s del fútbol femenino! Hemos elegido a más de 100 estrellas de las mejores ligas del mundo, incluyendo la NWSL (Liga nacional femenina de fútbol) de EE. UU., la WSL (Superliga femenina) de Inglaterra, la A-League de Australia y las ligas de élite de España, Francia y Alemania. Estas estrellas han pasado al menos los dos últimos años de sus carreras trabajando en estas ligas principales. Con todas las estadísticas clave al alcance de la mano, puedes utilizar este libro para analizar su rendimiento y determinar quiénes son las mejores defensas, centrocampistas, delanteras, porteras y entrenador@s del mundo en la actualidad.

Los tipos de estadísticas presentadas en cada posición varían, ya que cada posición realiza una función específica en el campo. Por ejemplo, la labor principal de la defensa es impedir que la contrincante marque, así que las estadísticas se centran sobre todo en esa parte de su juego. Del mismo modo, la habilidad para las entradas de una delantera no es tan relevante como su número de goles o de asistencias. Lo que sí verás para todas las jugadoras es el mapa de calor, que muestra las áreas del campo en las que se concentra su juego o, en el caso de las porteras, si su punto fuerte es el área pequeña o juegan como porteras-líberas que están cómodas en toda el área de penalti.

Las estadísticas abarcan el rendimiento de una jugadora en las dos últimas temporadas (2022/2023 y 2023/2024), como miembros de equipos que pertenecen a una de las principales ligas. La única excepción son las jugadoras de la NWSL, cuyas estadísticas pertenecen a las temporadas 2022 y 2023 y a los 10 primeros partidos de la temporada 2024. Las cifras se han recopilado solo en apariciones en partidos de ligas nacionales y europeos (lo último no se aplica a las jugadoras de la NSWL, por supuesto) y se han excluido datos de copas nacionales, supercopas o partidos internacionales.

DEFENSAS

En el fútbol de élite moderno, una defensa es mucho más que una jugadora que está ahí solo para evitar que el equipo rival marque goles. Aunque esa sigue siendo su prioridad, las defensas también ayudan a montar ataques al sacar el balón desde atrás o hacer pases largos. Las posiciones defensivas incluyen defensas centrales, laterales y carrileras. Puede haber dos o tres defensas centrales en un equipo y, por lo general, son altas, tienen potencia para hacer entradas y son buenas con los despejes de cabeza. Las laterales y las carrileras trabajan en zonas amplias y deben tener velocidad, habilidad y energía para defender su área y penetrar hacia delante.

¿QUÉ SIGNIFICAN ESTAS ESTADÍSTICAS?

DUELOS AÉREOS GANADOS

75%

Es el porcentaje de cabezazos que ha ganado una defensa en su propia área para interrumpir un ataque de la rival.

INTERCEPTACIONES

Es el número de veces que una defensa ha detenido con éxito un ataque sin tener que hacer una entrada.

BLOQUEOS

Un tiro interceptado por una defensa, que evita que su portera tenga que hacer una parada.

PRECISIÓN DE LOS PASES

La precisión de los pases indica, en forma de porcentaje, la capacidad de una jugadora para completar un pase a una compañera de equipo.

DESPEJES

Un ataque frustrado con éxito, ya sea usando el pie o la cabeza para alejar el balón en una situación de peligro.

ENTRADAS

Es el número de veces que una defensa ha obstaculizado y quitado el balón a la oponente sin cometer falta.

¿Lo sabías?

A diferencia de muchos equipos de la NWSL, San Diego Wave tiende a no dominar los partidos en zonas amplias o presionando mucho. En vez de eso, el equipo depende de una defensa compacta con jugadoras como Naomi Girma (derecho), que a menudo hacen pases clave para iniciar un contraataque.

22

NACIONALIDAD
Española

CLUB ACTUAL
Barcelona

F. NACIMIENTO	10/06/1999
POSICIÓN	LATERAL DCHA.
ESTATURA	1,65 M
DEBUT	2014
PIE PREFERIDO	DERECHO

ONA BATLLE

Ona Batlle fue jugadora del equipo juvenil del Barcelona antes de desarrollar sus habilidades de ataque y defensa en el Levante y el Manchester United. La lateral derecha volvió al Barça en 2023 y sus carreras espectaculares y sus entradas fuertes se han convertido en un rasgo destacado de su juego.

BLOQUEOS
10

APARICIONES
50

INTERCEPTACIONES
61

DUELOS AÉREOS GANADOS
53,7 %

PASES COMPLETADOS
86,5 %

PENALTIS MARCADOS
0

GOLES
4

PASES
2736

ENTRADAS
127

DESPEJES
37

PALMARÉS EN CLUBES
⚽ UEFA Women's Champions League: 2024
⚽ Liga F: 2024
⚽ Copa de la Reina: 2017, 2024
⚽ Women's FA Cup: subcampeona 2023 (Manchester United)

PALMARÉS INTERNACIONAL
⚽ Copa Mundial Femenina de la FIFA: 2023
⚽ UEFA Women's Nations League: 2024

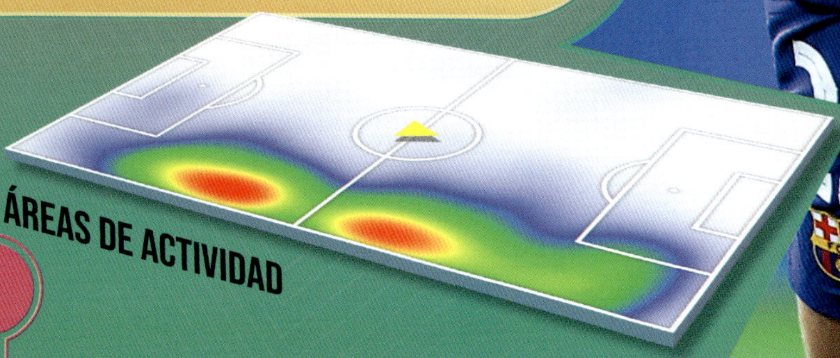

ÁREAS DE ACTIVIDAD

MILLIE BRIGHT

Después de pasar casi toda su carrera en el centro del campo, Millie Bright se convirtió en defensa central, posición en la que sus potentes cabezazos y sus interceptaciones la hacen inmensa. También es una líder brillante en el campo.

 **NACIONALIDAD**
Inglesa

CLUB ACTUAL
Chelsea

F. NACIMIENTO	21/08/1993
POSICIÓN	CENTRAL
ESTATURA	1,75 M
DEBUT	2009
PIE PREFERIDO	DERECHO

APARICIONES
31

BLOQUEOS
15

INTERCEPTACIONES
43

DUELOS AÉREOS GANADOS
71,1%

PASES COMPLETADOS
84,1%

PENALTIS MARCADOS
0

GOLES
3

PASES
2175

ENTRADAS
34

DESPEJES
88

PALMARÉS EN CLUBES
⚽ Women's Super League: 2015, 2018, 2020, 2021, 2022, 2023
⚽ UEFA Women's Champions League: subcampeona 2021
⚽ Women's FA Cup: 2015, 2018, 2021, 2022, 2023, 2024
⚽ Women's FA League Cup: 2020, 2021

PALMARÉS INTERNACIONAL
⚽ Campeonato de Europa Femenino de la UEFA: 2022
⚽ Copa Mundial Femenina de la FIFA: subcampeona 2023

ÁREAS DE ACTIVIDAD

15

NACIONALIDAD
Inglesa

CLUB ACTUAL
Chelsea

LUCY BRONZE

Desde hace más de una década, Lucy Bronze está entre las mejores laterales del fútbol mundial. Es conocida por su energía, sus entradas limpias y sus irrupciones por la derecha. Además, tiene facilidad para marcar goles de cabeza cuando se saca una falta o un córner.

F. NACIMIENTO	28/10/1991
POSICIÓN	LATERAL DCHA.
ESTATURA	1,72 M
DEBUT	2007
PIE PREFERIDO	DERECHO

BLOQUEOS
9

APARICIONES
59

INTERCEPTACIONES
86

DUELOS AÉREOS GANADOS
66,2%

PENALTIS MARCADOS
0

GOLES
5

PASES COMPLETADOS
84%

PASES
3124

DESPEJES
46

ENTRADAS
103

PALMARÉS EN CLUBES
⚽ Liga F: 2023, 2024 ⚽ UEFA Women's Champions League: 2023, 2018*, 2019*, 2020* (*Lyon), 2024 ⚽ Division 1 Féminine: 2018, 2019, 2020 (todas con Lyon) ⚽ Women's Super League: 2013, 2014* (*Liverpool), 2016 (Manchester City) ⚽ Coupe de France Féminine: 2019, 2020 (todas con Lyon)

PALMARÉS INTERNACIONAL
⚽ Campeonato de Europa Femenino de la UEFA: 2022
⚽ Copa Mundial Femenina de la FIFA: subcampeona 2023
⚽ Women's Finalissima: 2023

ÁREAS DE ACTIVIDAD

OLGA CARMONA

Marcar los goles de la victoria en la semifinal y la final de la Copa Mundial Femenina de la FIFA en 2023 catapultó a Olga Carmona el estrellato mundial. Cuando Carmona, una defensa con estilo, roba el balón a una rival, lo más probable es que salga con el balón hacia delante y ponga a prueba a la portera o elija bien a una compañera de equipo.

NACIONALIDAD
Española

CLUB ACTUAL
Real Madrid

F. NACIMIENTO	12/06/2000
POSICIÓN	LATERAL IZDA.
ESTATURA	1,60 M
DEBUT	2017
PIE PREFERIDO	IZQUIERDO

APARICIONES
62

INTERCEPTACIONES
76

BLOQUEOS
6

DUELOS AÉREOS GANADOS
41,5%

GOLES
11

PENALTIS MARCADOS
7

PASES COMPLETADOS
78,5%

PASES
2394

ENTRADAS
122

DESPEJES
46

PALMARÉS EN CLUBES
⚽ Nada hasta la fecha

PALMARÉS INTERNACIONAL
⚽ Copa Mundial Femenina de la FIFA: 2023
⚽ UEFA Women's Nations League: 2024

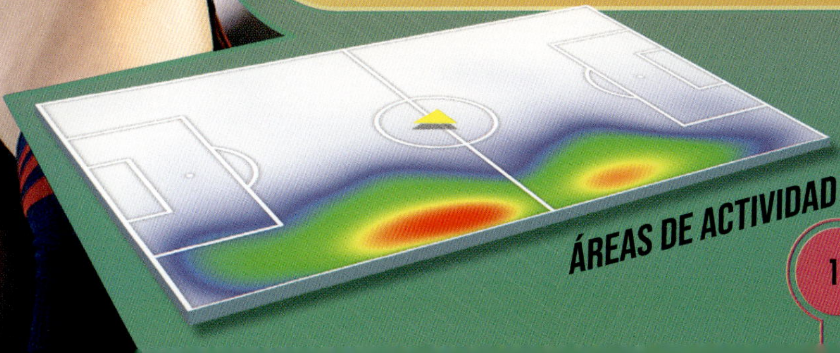

ÁREAS DE ACTIVIDAD

11

NACIONALIDAD
Australiana

CLUB ACTUAL
Lyon

ELLIE CARPENTER

Ellie Carpenter, siempre fiable atrás, puede detener ataques en su área a gran velocidad. También se le da bien desbordar y sacar a las rivales de su posición, lo que la convierte en una amenaza en la zona de ataque del campo.

F. NACIMIENTO	28/04/2000
POSICIÓN	LATERAL DCHA.
ESTATURA	1,64 M
DEBUT	2015
PIE PREFERIDO	DERECHO

BLOQUEOS
4

APARICIONES
36

INTERCEPTACIONES
27

DUELOS AÉREOS GANADOS
28%

PASES COMPLETADOS
83,5%

PENALTIS MARCADOS
0

GOLES
0

PASES
1480

ENTRADAS
75

DESPEJES
23

PALMARÉS EN CLUBES
- Division 1 Féminine: 2022, 2023, 2024
- UEFA Women's Champions League: 2020, 2022, subcampeona 2024
- Coupe de France Féminine: 2020, 2023
- A-League Premiership: 2020 (Melbourne City)
- A-League Championship: 2020 (Melbourne City)

PALMARÉS INTERNACIONAL
- Nada hasta la fecha

ÁREAS DE ACTIVIDAD

JESS CARTER

La versatilidad de Jess Carter hace que pueda jugar por toda la línea defensiva e incluso en el centro del campo. Sólida en la posesión y con una aceleración rápida, disfruta las disputas con delanteras altas y extremos rápidas, y gana esos duelos la mayoría de las veces.

NACIONALIDAD
Inglesa

CLUB ACTUAL
NJ/NY Gotham FC

7

F. NACIMIENTO	27/10/1997
POSICIÓN	CENTRAL
ESTATURA	1,65 M
DEBUT	2013
PIE PREFERIDO	DERECHO

APARICIONES
55

BLOQUEOS
23

INTERCEPTACIONES
53

DUELOS AÉREOS GANADOS
53,3%

PENALTIS MARCADOS
0

GOLES
2

PASES COMPLETADOS
85,9%

PASES
2856

DESPEJES
155

ENTRADAS
110

PALMARÉS EN CLUBES
⚽ Women's Super League: 2020, 2021, 2022, 2023, 2024
⚽ UEFA Women's Champions League: subcampeona 2021
⚽ Women's FA Cup: 2021, 2022, 2023
⚽ Women's FA League Cup: 2020, 2021

PALMARÉS INTERNACIONAL
⚽ Campeonato de Europa Femenino de la UEFA: 2022
⚽ Copa Mundial Femenina de la FIFA: subcampeona 2023
⚽ Women's Finalissima: 2023

ÁREAS DE ACTIVIDAD

13

12

NACIONALIDAD
Australiana

CLUB ACTUAL
Arsenal

STEPH CATLEY

La australiana Steph Catley es muy dinámica en la banda izquierda. Suele hacerse con el balón en posiciones muy defensivas y abre el juego con facilidad o hace un pase genial al otro lado del campo. Sus tiros en jugadas a balón parado terminan a menudo en ocasiones de gol.

F. NACIMIENTO	26/01/1994
POSICIÓN	LATERAL IZDA.
ESTATURA	1,71 M
DEBUT	2009
PIE PREFERIDO	IZQUIERDO

APARICIONES
47

BLOQUEOS
10

INTERCEPTACIONES
22

DUELOS AÉREOS GANADOS
47,4%

PENALTIS MARCADOS
0

PASES COMPLETADOS
86,3%

GOLES
2

PASES
1970

ENTRADAS
52

DESPEJES
56

PALMARÉS EN CLUBES
⚽ A-League Championship: 2014 (Melbourne Victory), 2016, 2017, 2018, 2020 (todas con Melbourne City)
⚽ A-League Premiership: 2016, 2020 (Melbourne City)
⚽ Women's FA Cup: 2023
⚽ Women's FA League Cup: 2023, 2024

PALMARÉS INTERNACIONAL
⚽ Nada hasta la fecha

ÁREAS DE ACTIVIDAD

NIAMH CHARLES

Disciplinada atrás y con grandes dotes de liderazgo, Niamh Charles es una roca firme en la defensa. Es capaz de jugar en los dos flancos, es conocida por los pases y los cambios de banda con ambos pies y por lanzarse por el interior o recorrer la línea de banda a toda velocidad para montar ataques.

NACIONALIDAD
Inglesa

CLUB ACTUAL
Chelsea

21

F. NACIMIENTO	21/06/1999
POSICIÓN	LATERAL
ESTATURA	1,72 M
DEBUT	2016
PIE PREFERIDO	DERECHO

APARICIONES
62

BLOQUEOS
9

INTERCEPTACIONES
64

DUELOS AÉREOS GANADOS
66,4%

PENALTIS MARCADOS
0

PASES COMPLETADOS
79,2%

GOLES
7

PASES
2734

DESPEJES
71

ENTRADAS
139

PALMARÉS EN CLUBES
⚽ Women's Super League: 2021, 2022, 2023, 2024
⚽ UEFA Women's Champions League: subcampeona 2021
⚽ Women's FA Cup: 2021, 2022, 2023
⚽ Women's FA League Cup: 2021

PALMARÉS INTERNACIONAL
⚽ Copa Mundial Femenina de la FIFA: subcampeona 2023
⚽ Women's Finalissima: 2023

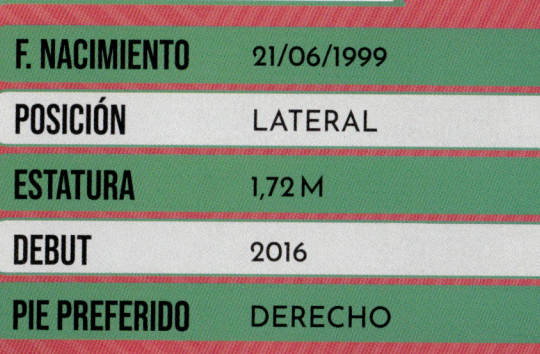

ÁREAS DE ACTIVIDAD

15

NACIONALIDAD
Sueca

CLUB ACTUAL
Bayern de Múnich

5

MAGDALENA ERIKSSON

De algún modo, Magdalena Eriksson mejora temporada tras temporada para aumentar su reputación como defensa central de élite. Es tranquila cuando tiene el balón, fuerte en el juego aéreo y capaz de hacer pases muy precisos que rompen la defensa rival.

F. NACIMIENTO	08/09/1993
POSICIÓN	CENTRAL
ESTATURA	1,73 M
DEBUT	2011
PIE PREFERIDO	IZQUIERDO

APARICIONES
45

BLOQUEOS
15

INTERCEPTACIONES
43

DUELOS AÉREOS GANADOS
43,7%

PASES COMPLETADOS
84,5%

PENALTIS MARCADOS
0

GOLES
6

PASES
2588

DESPEJES
93

ENTRADAS
44

PALMARÉS EN CLUBES
⚽ Frauen-Bundesliga: 2024 ⚽ Women's Super League: 2018, 2020, 2021, 2022, 2023 (todas con Chelsea)
⚽ Women's FA Cup: 2018, 2021, 2022, 2023 (todas con Chelsea)
⚽ UEFA Women's Champions League: subcampeona 2021 (Chelsea)

PALMARÉS INTERNACIONAL
⚽ Copa Mundial Femenina de la FIFA: tercer puesto 2019, tercer puesto 2023
⚽ Juegos Olímpicos: subcampeona 2016, 2020 (2021)

ÁREAS DE ACTIVIDAD

VANESSA GILLES

Ganar los una contra una, superar a las delanteras en los saltos y saber exactamente dónde hacer una entrada son algunas de las habilidades clave de Vanessa Gilles. La fuerza de la parte superior de su cuerpo y su enfoque atrevido respecto a la defensa hacen que sea una barrera formidable en su club y su selección.

 **NACIONALIDAD**
Canadiense

CLUB ACTUAL
Lyon (cedida)

F. NACIMIENTO	11/03/1996
POSICIÓN	CENTRAL
ESTATURA	1,74 M
DEBUT	2017
PIE PREFERIDO	DERECHO

APARICIONES
55

INTERCEPTACIONES
81

BLOQUEOS
28

DUELOS AÉREOS GANADOS
70,7%

PASES COMPLETADOS
86,4%

GOLES
11

PENALTIS MARCADOS
0

ENTRADAS
81

PASES
2768

DESPEJES
186

PALMARÉS EN CLUBES
⚽ Division 1 Féminine: 2023, 2024
⚽ Coupe de France Féminine: 2023
⚽ UEFA Women's Champions League: subcampeona 2024

PALMARÉS INTERNACIONAL
⚽ Juegos Olímpicos: 2020 (2021)

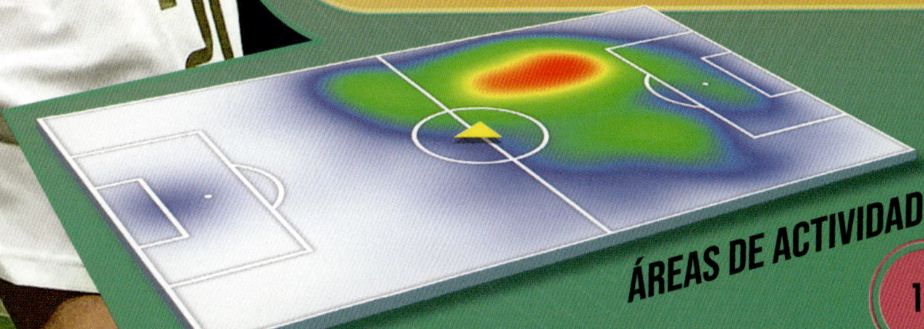

ÁREAS DE ACTIVIDAD

4

NACIONALIDAD
Estadounidense

CLUB ACTUAL
San Diego Wave

NAOMI GIRMA

Naomi Girma ha tenido un ascenso rápido en el mundo del fútbol. Lee el juego con brillantez, sabe cuándo dar un paso adelante y crear dificultades y eso hace que sea difícil de batir tanto en el suelo como en el juego aéreo. Su rendimiento consistente le ha valido el premio a la Defensa del Año de la NWSL dos temporadas seguidas.

F. NACIMIENTO	14/06/2000
POSICIÓN	CENTRAL
ESTATURA	1,68 M
DEBUT	2022
PIE PREFERIDO	DERECHO

APARICIONES
47

BLOQUEOS
41

INTERCEPTACIONES
44

DUELOS AÉREOS GANADOS
50,6%

PASES COMPLETADOS
87,1%

PENALTIS MARCADOS
0

GOLES
0

PASES
2599

DESPEJES
224

ENTRADAS
72

PALMARÉS EN CLUBES
⚽ NWSL Shield: 2023

PALMARÉS INTERNACIONAL
⚽ Copa Oro W de CONCACAF: 2024
⚽ Campeonato Femenino de CONCACAF: 2022

ÁREAS DE ACTIVIDAD

ALEX GREENWOOD

Alex Greenwood, que puede jugar como lateral izquierda o defensa central (su posición preferida), es una presencia veloz y potente que protege su portería a cualquier precio. Tiene un cerebro ágil para las jugadas y es difícil quitarle el balón. Su técnica en el lanzamiento de faltas da a su equipo otra ventaja en el ataque.

NACIONALIDAD
Inglesa

CLUB ACTUAL
Manchester City

5

F. NACIMIENTO	07/09/1993
POSICIÓN	CENTRAL
ESTATURA	1,67 M
DEBUT	2010
PIE PREFERIDO	IZQUIERDO

APARICIONES
41

INTERCEPTACIONES
65

BLOQUEOS
28

DUELOS AÉREOS GANADOS
48,7%

PASES COMPLETADOS
87,6%

GOLES
1

PENALTIS MARCADOS
0

PASES
3609

ENTRADAS
53

DESPEJES
100

PALMARÉS EN CLUBES
- Division 1 Féminine: 2020 (Lyon)
- UEFA Women's Champions League: 2020 (Lyon)
- Coupe de France Féminine: 2020 (Lyon)
- Women's FA Cup: 2020
- Women's FA League Cup: 2022

PALMARÉS INTERNACIONAL
- Campeonato de Europa Femenino de la UEFA: 2022
- Copa Mundial Femenina de la FIFA: subcampeona 2023
- Women's Finalissima: 2023

ÁREAS DE ACTIVIDAD

NACIONALIDAD
Alemana

CLUB ACTUAL
VfL Wolfsburg

KATHRIN HENDRICH

Kathrin Hendrich ofrece habilidades de defensa y de ataque tanto a su club como a su selección. Es una defensa central que mueve mucho el balón y, a menudo, sale a la carrera y hace pases clave o cruzados al área. Es, sin duda, una favorita de los fans.

F. NACIMIENTO	06/04/1992
POSICIÓN	CENTRAL
ESTATURA	1,74 M
DEBUT	2008
PIE PREFERIDO	DERECHO

APARICIONES
52

BLOQUEOS
12

INTERCEPTACIONES
48

DUELOS AÉREOS GANADOS
46,3%

PASES COMPLETADOS
88,9%

PENALTIS MARCADOS
0

GOLES
0

PASES
3212

DESPEJES
72

ENTRADAS
113

PALMARÉS EN CLUBES
⚽ Frauen-Bundesliga: 2022
⚽ UEFA Women's Champions League: 2015 (Frankfurt)
⚽ DFB-Pokal Frauen: 2021, 2022, 2023

PALMARÉS INTERNACIONAL
✪ Juegos Olímpicos: 2016
✪ Campeonato de Europa Femenino de la UEFA: subcampeona 2022

ÁREAS DE ACTIVIDAD

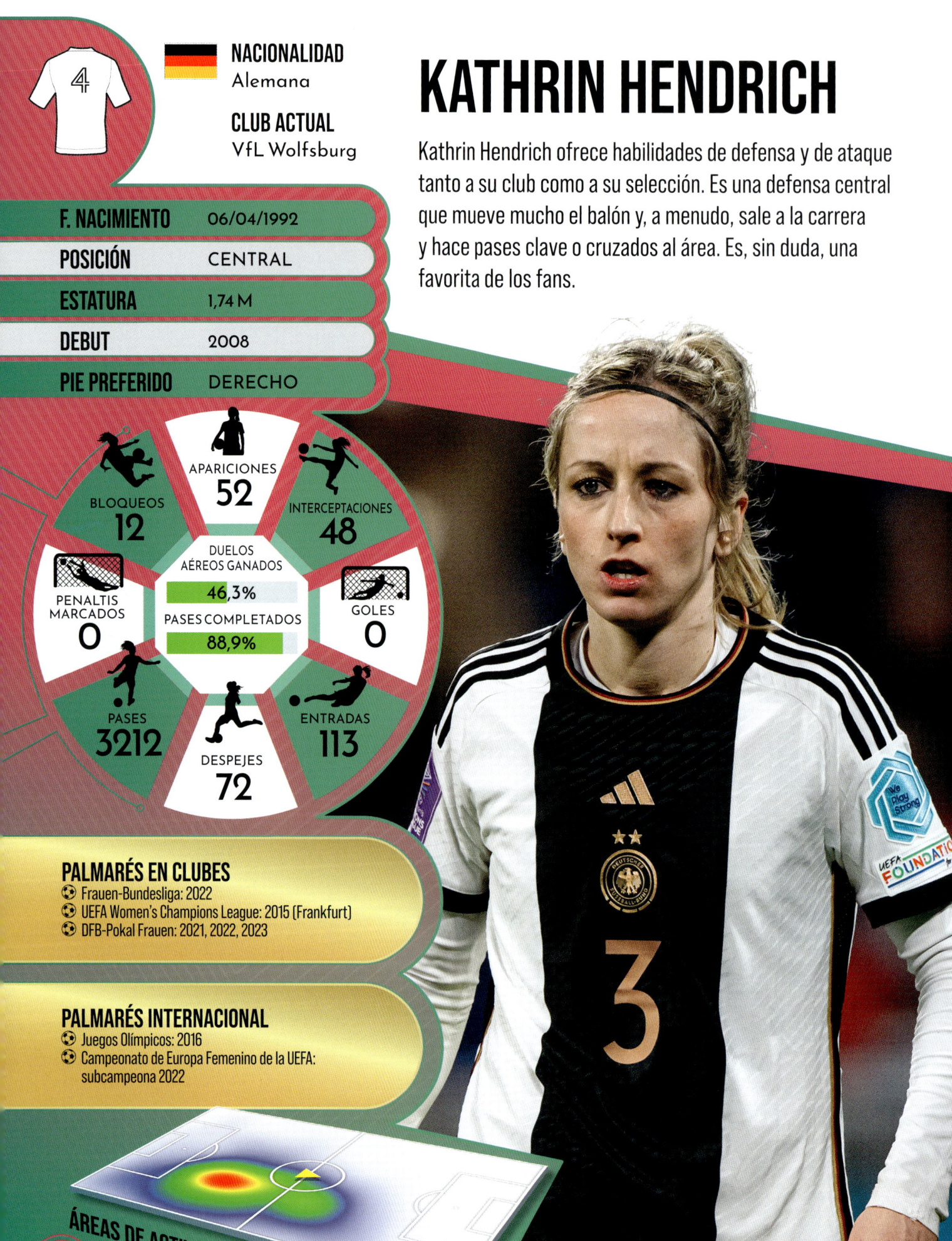

AMANDA ILESTEDT

Amanda Ilestedt es muy difícil de batir en el aire, ya que utiliza su estatura, potencia y técnica impresionante para ganar duelos de cabeza en ambas áreas de penalti. Es difícil robarle el balón y hace que pases complicados parezcan simples.

NACIONALIDAD
Sueca

CLUB ACTUAL
Arsenal

28

F. NACIMIENTO	17/01/1993
POSICIÓN	CENTRAL
ESTATURA	1,78 M
DEBUT	2008
PIE PREFERIDO	DERECHO

APARICIONES
32

INTERCEPTACIONES
39

BLOQUEOS
18

DUELOS
AÉREOS GANADOS
56,3%

PASES COMPLETADOS
86,2%

GOLES
1

PENALTIS
MARCADOS
0

ENTRADAS
38

PASES
1955

DESPEJES
72

PALMARÉS EN CLUBES
⚽ Frauen-Bundesliga: 2021 (Bayern de Múnich)
⚽ Coupe de France Féminine: 2022 (PSG)
⚽ Damallsvenskan: 2010, 2011, 2013, 2014 (todas con FC Rosengard)

PALMARÉS INTERNACIONAL
⚽ Juegos Olímpicos: subcampeona 2016
⚽ Copa Mundial Femenina de la FIFA: tercer puesto 2019, tercer puesto 2023

ÁREAS DE ACTIVIDAD

7

NACIONALIDAD
Francesa

CLUB ACTUAL
Paris Saint-Germain

SAKINA KARCHAOUI

Sakina Karchaoui, defensa que se enorgullece de mantener su portería a cero, juega como un extremo que supone una amenaza de gol. Sus carreras largas descolocan a las rivales y, entonces, consigue pasar el balón a una compañera en el punto ideal dentro del área.

F. NACIMIENTO	26/01/1996
POSICIÓN	LATERAL IZDA.
ESTATURA	1,60 M
DEBUT	2012
PIE PREFERIDO	IZQUIERDO

BLOQUEOS
7

APARICIONES
52

INTERCEPTACIONES
85

PENALTIS MARCADOS
1

DUELOS AÉREOS GANADOS
55%

PASES COMPLETADOS
82,8%

GOLES
3

PASES
3288

DESPEJES
42

ENTRADAS
73

PALMARÉS EN CLUBES
⚽ Coupe de France: 2022, 2024
⚽ UEFA Women's Champions League: 2020 (Lyon)

PALMARÉS INTERNACIONAL
⚽ Nada hasta la fecha

ÁREAS DE ACTIVIDAD

ASHLEY LAWRENCE

Ashley Lawrence es una jugadora de equipo muy valiosa porque puede jugar como lateral izquierda y lateral derecha. Aunque se centra en alejar los peligros de su portería, la defensa también aporta creatividad y clase al equipo con sus carreras rápidas y sus pases cruzados precisos.

NACIONALIDAD
Canadiense

CLUB ACTUAL
Chelsea

26

F. NACIMIENTO	11/06/1995
POSICIÓN	LATERAL IZDA./DCHA.
ESTATURA	1,68 M
DEBUT	2013
PIE PREFERIDO	DERECHO

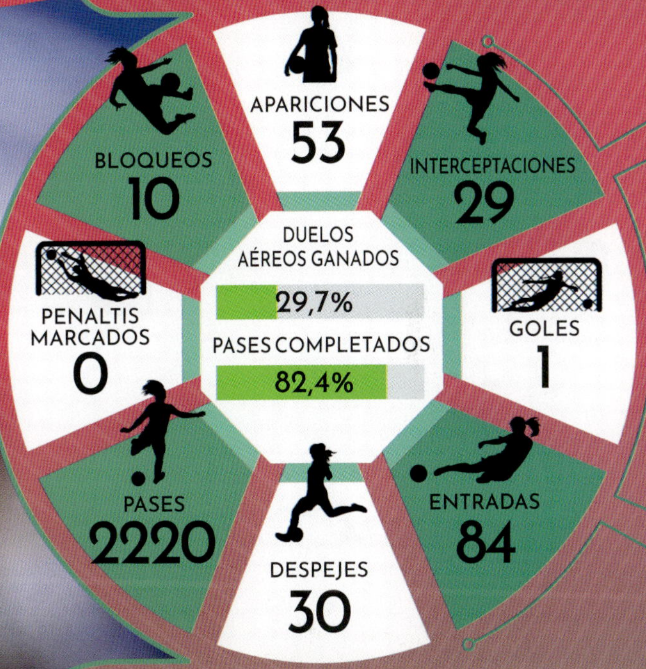

APARICIONES
53

INTERCEPTACIONES
29

BLOQUEOS
10

DUELOS AÉREOS GANADOS
29,7%

PASES COMPLETADOS
82,4%

GOLES
1

PENALTIS MARCADOS
0

ENTRADAS
84

PASES
2220

DESPEJES
30

PALMARÉS EN CLUBES
- Women's Super League: 2024
- Division 1 Féminine: 2021 (PSG)
- Coupe de France: 2018, 2022 (todas con PSG)
- UEFA Women's Champions League: subcampeona 2017 (PSG)

PALMARÉS INTERNACIONAL
- Juegos Olímpicos: 2020 (2021)

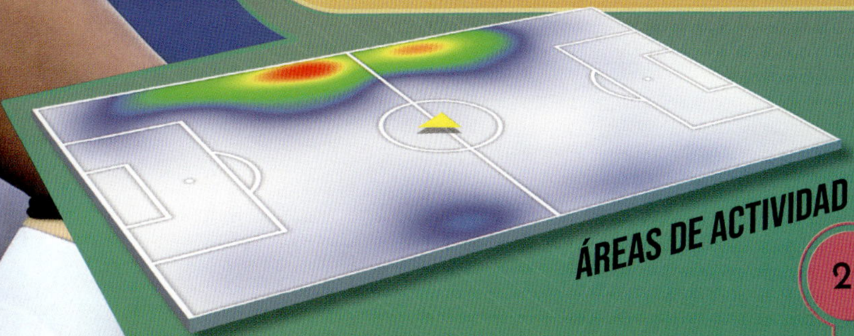

ÁREAS DE ACTIVIDAD

4

NACIONALIDAD
Española

CLUB ACTUAL
Barcelona

MAPI LEÓN

Mapi León, central dura que presenta batallas difíciles pero limpias con la cabeza y los pies, es una líder en la defensa. Presiona mucho y tiene seguridad a la hora de controlar su línea e iniciar ataques con pases importantes con el pie izquierdo.

F. NACIMIENTO	13/06/1995
POSICIÓN	CENTRAL
ESTATURA	1,70 M
DEBUT	2009
PIE PREFERIDO	IZQUIERDO

BLOQUEOS
7

APARICIONES
46

INTERCEPTACIONES
56

PENALTIS MARCADOS
0

DUELOS AÉREOS GANADOS
51,5%

PASES COMPLETADOS
90,1%

GOLES
6

PASES
3892

DESPEJES
37

ENTRADAS
51

PALMARÉS EN CLUBES
⚽ Liga F: 2017 (Atlético de Madrid) 2020, 2021, 2022, 2023, 2024
⚽ UEFA Women's Champions League: 2021, 2023, 2024
⚽ Copa de la Reina: 2016 (Atlético de Madrid), 2018, 2020, 2021, 2022, 2024

PALMARÉS INTERNACIONAL
⚽ Nada hasta la fecha

ÁREAS DE ACTIVIDAD

KATIE MCCABE

Además de su solidez en defensa, Katie McCabe está dotada de la técnica y la determinación para cubrir gran parte del campo. Sus carreras hacia delante se producen en los momentos oportunos, y no hay muchas jugadoras que chuten con la zurda de forma tan exquisita.

NACIONALIDAD
Irlandesa

CLUB ACTUAL
Arsenal

15

F. NACIMIENTO	21/09/1995
POSICIÓN	LATERAL IZDA.
ESTATURA	1,68 M
DEBUT	2011
PIE PREFERIDO	IZQUIERDO

APARICIONES
52

BLOQUEOS
5

INTERCEPTACIONES
36

PENALTIS MARCADOS
0

DUELOS AÉREOS GANADOS
23,3%

PASES COMPLETADOS
81,1%

GOLES
6

PASES
2054

DESPEJES
41

ENTRADAS
81

PALMARÉS EN CLUBES
⚽ Women's Super League: 2019
⚽ Women's FA Cup: 2016
⚽ Women's FA League Cup: 2018, 2023, 2024

PALMARÉS INTERNACIONAL
⚽ Nada hasta la fecha

ÁREAS DE ACTIVIDAD

NACIONALIDAD
Española

CLUB ACTUAL
Barcelona

IRENE PAREDES

Pocas jugadoras son mejores que Irene Paredes a la hora de hacer una interceptación oportuna y utilizar estilo y visión para pasar el balón a una compañera de equipo en posición de ataque. La central dominadora utiliza su complexión para controlar su zona defensiva y conectar con las esquinas del lado contrario.

F. NACIMIENTO	04/07/1991
POSICIÓN	CENTRAL
ESTATURA	1,78 M
DEBUT	2008
PIE PREFERIDO	DERECHO

BLOQUEOS
19

APARICIONES
60

INTERCEPTACIONES
80

DUELOS AÉREOS GANADOS
67,1%

PASES COMPLETADOS
90,6%

PENALTIS MARCADOS
0

GOLES
4

PASES
4199

DESPEJES
78

ENTRADAS
62

PALMARÉS EN CLUBES
⚽ Liga F: 2016 (Athletic de Bilbao) 2022, 2023, 2024
⚽ UEFA Women's Champions League: 2023, 2024
⚽ Copa de la Reina: 2022, 2024
⚽ Division 1 Féminine: 2018 (PSG)
⚽ Coupe de France Féminine: 2018 (PSG)

PALMARÉS INTERNACIONAL
⚽ Copa Mundial Femenina de la FIFA: 2023
⚽ UEFA Women's Nations League: 2024

ÁREAS DE ACTIVIDAD

WENDIE RENARD

La altísima Wendie Renard tiene un palmarés acorde a su estatus como jugadora de primera clase. Usa su estatura y sus habilidades atléticas para defender su portería y se mueve como una velocista cuando tiene que retroceder o perseguir. Lleva más de una década siendo decisiva para ganar partidos tanto con su club como con su selección.

NACIONALIDAD
Francesa

CLUB ACTUAL
Lyon

3

F. NACIMIENTO	20/07/1990
POSICIÓN	CENTRAL
ESTATURA	1,87 M
DEBUT	2006
PIE PREFERIDO	DERECHO

APARICIONES
48

INTERCEPTACIONES
66

BLOQUEOS
8

DUELOS AÉREOS GANADOS
82,7%

PASES COMPLETADOS
87,4%

PENALTIS MARCADOS
3

GOLES
13

PASES
2824

ENTRADAS
49

DESPEJES
96

PALMARÉS EN CLUBES
⚽ Division 1 Féminine: 2007, 2008, 2009, 2010, 2011, 2012, 2013, 2014, 2015, 2016, 2017, 2018, 2019, 2020, 2022, 2023, 2024
⚽ UEFA Women's Champions League: 2011, 2012, 2016, 2017, 2018, 2019, 2020, 2022, subcampeona 2024
⚽ Coupe de France: 2008, 2012-2017, 2019, 2020, 2023

PALMARÉS INTERNACIONAL
⚽ Nada hasta la fecha

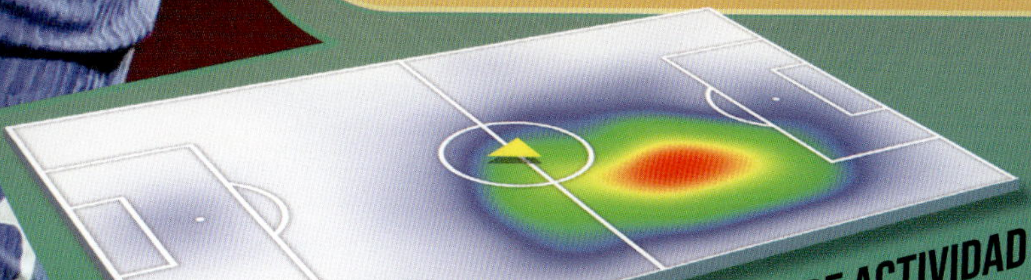

ÁREAS DE ACTIVIDAD

13

NACIONALIDAD
Neozelandesa

CLUB ACTUAL
Melbourne City

REBEKAH STOTT

Con más de una centena de apariciones en partidos internacionales y de la A-League (antes llamada W-League), Rebekah Stott siempre tiene actuaciones decisivas. Es excelente a la hora de leer las jugadas y a eso le suma sus pases de máxima calidad cuando tiene el balón en los pies.

F. NACIMIENTO	17/06/1993
POSICIÓN	CENTRAL
ESTATURA	1,72 M
DEBUT	2010
PIE PREFERIDO	DERECHO

BLOQUEOS
26

APARICIONES
27

INTERCEPTACIONES
61

DUELOS AÉREOS GANADOS
34,6%

PENALTIS MARCADOS
0

PASES COMPLETADOS
84,5%

GOLES
1

PASES
1935

ENTRADAS
40

DESPEJES
84

PALMARÉS EN CLUBES
⚽ A-League Championship: 2011 (Brisbane Roar), 2016, 2017, 2018, 2020
⚽ A-League Premiership: 2016, 2020

PALMARÉS INTERNACIONAL
⚽ Nada hasta la fecha

ÁREAS DE ACTIVIDAD

MARTA TORREJÓN

Jugadora del Barcelona desde 2013, Marta Torrejón es un miembro valioso del equipo porque puede jugar en cualquier posición de la defensa. Ya sea sacando balones de cabeza como defensa central o atacando como lateral, su impacto ha llevado al Barça al éxito nacional y europeo en las últimas temporadas.

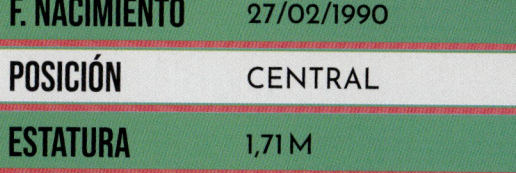

NACIONALIDAD
Española

CLUB ACTUAL
Barcelona

8

F. NACIMIENTO	27/02/1990
POSICIÓN	CENTRAL
ESTATURA	1,71 M
DEBUT	2004
PIE PREFERIDO	DERECHO

BLOQUEOS
7

APARICIONES
69

INTERCEPTACIONES
53

DUELOS AÉREOS GANADOS
69,4%

PASES COMPLETADOS
88,8%

PENALTIS MARCADOS
0

GOLES
13

PASES
3098

DESPEJES
36

ENTRADAS
43

PALMARÉS EN CLUBES
⚽ Liga F: 2006 (Espanyol), 2014, 2015, 2020, 2021, 2022, 2023, 2024
⚽ UEFA Women's Champions League: 2021, 2023, 2024
⚽ Copa de la Reina: 2006, 2009, 2010, 2012 (todas con Espanyol), 2014, 2017, 2018, 2020, 2021, 2022, 2024

PALMARÉS INTERNACIONAL
⚽ Nada hasta la fecha

ÁREAS DE ACTIVIDAD

4

NACIONALIDAD
Islandesa

CLUB ACTUAL
Bayern de Múnich

GLÓDÍS VIGGÓSDÓTTIR

Con el brazalete de capitana del Bayern de Múnich y como eje de su defensa, Glódís Viggósdóttir tiene un rendimiento constante de muy alto nivel. Combina sus habilidades defensivas inteligentes con una cabeza fría a la hora de sacar el balón de su campo.

F. NACIMIENTO	27/06/1995
POSICIÓN	CENTRAL
ESTATURA	1,73 M
DEBUT	2009
PIE PREFERIDO	DERECHO

BLOQUEOS
50

APARICIONES
57

INTERCEPTACIONES
67

PENALTIS MARCADOS
0

DUELOS AÉREOS GANADOS
65,4%

PASES COMPLETADOS
88,9%

GOLES
4

PASES
4698

DESPEJES
220

ENTRADAS
62

PALMARÉS EN CLUBES
⚽ Frauen-Bundesliga: 2023, 2024
⚽ Damallsvenskan: 2019 (FC Rosengard)

PALMARÉS INTERNACIONAL
⚽ Nada hasta la fecha

ÁREAS DE ACTIVIDAD

LEAH WILLIAMSON

Leah Williamson tiene un cerebro impresionante para el fútbol. Puede sentir el peligro y colocarse en las mejores posiciones para enfrentarse incluso a las delanteras más listas. Además, su capacidad atlética le permite llegar primero al balón y puede crear jugadas con inteligencia desde la defensa.

NACIONALIDAD
Inglesa

CLUB ACTUAL
Arsenal

6

F. NACIMIENTO	29/06/1997
POSICIÓN	CENTRAL
ESTATURA	1,70 M
DEBUT	2014
PIE PREFERIDO	DERECHO

APARICIONES
26

BLOQUEOS
10

INTERCEPTACIONES
29

DUELOS AÉREOS GANADOS
54,1%

PENALTIS MARCADOS
0

PASES COMPLETADOS
83,6%

GOLES
1

PASES
1783

DESPEJES
28

ENTRADAS
28

PALMARÉS EN CLUBES
- ⚽ Women's Super League: 2019
- ⚽ Women's FA Cup: 2014, 2016
- ⚽ Women's FA League Cup: 2015, 2018, 2023, 2024

PALMARÉS INTERNACIONAL
- ⚽ Campeonato de Europa Femenino de la UEFA: 2022
- ⚽ Women's Finalissima: 2023

ÁREAS DE ACTIVIDAD

CENTROCAMPISTAS

Ya sea realizando tareas defensivas, como creadoras de juego o trabajando justo detrás de las delanteras, las centrocampistas son cruciales para el éxito de su equipo. Una centrocampista debe ser sólida a nivel técnico, pensar con rapidez y tener una buena forma física que le permita cubrir grandes distancias durante un partido. Las centrocampistas defensivas protegen su área con fuerza e interceptaciones oportunas. Las creadoras de juego tienen una mentalidad más centrada en el ataque y su labor es crear ocasiones de gol. Las centrocampistas pueden incluso jugar cerca de las delanteras en un papel que a las rivales les resulta difícil seguir y contrarrestar.

¿QUÉ SIGNIFICAN ESTAS ESTADÍSTICAS?

ASISTENCIAS
Un pase, centro o cabezazo a una compañera de equipo que después marca cuenta como asistencia. Esta estadística incluye también los tiros desviados que convierte una compañera.

TIROS
Cualquier disparo deliberado a la portería cuenta como un tiro. No hace falta que vaya a puerta ni que obligue a la portera a hacer una parada.

OCASIONES CREADAS
Cualquier pase que tenga como resultado un tiro a portería (tanto si se marca gol como si no) se considera una ocasión creada.

ENTRADAS
Es el número de veces que la jugadora ha obstaculizado y quitado el balón a la oponente sin cometer falta.

REGATES
Es el número de veces que una jugadora se ha ido de una rival corriendo con la pelota.

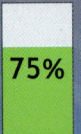
75%
PASES CON ÉXITO
Muestra como porcentaje el éxito que ha tenido la centrocampista a la hora de encontrar a compañeras de equipo con sus pases.

¿Lo sabías?

En la Copa Mundial Femenina de la FIFA de 2023, las centrocampistas *top* recorrieron más de 77 km en total durante sus apariciones en el torneo.

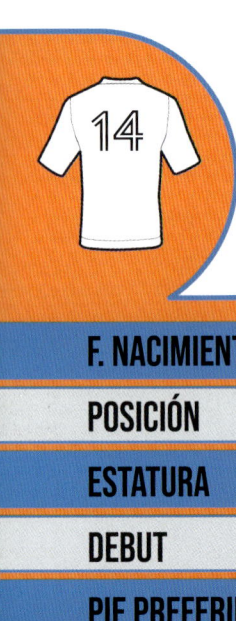

14

NACIONALIDAD
Española

CLUB ACTUAL
Barcelona

AITANA BONMATÍ

Aitana Bonmatí, que cuenta con múltiples premios a nivel de club e individual, puede marcar y crear ocasiones a partir de la más mínima oportunidad. Tiene un control exquisito, hace regates increíbles y es conocida por sus centros precisos. Puede cambiar el desarrollo de un partido en los encuentros importantes.

F. NACIMIENTO	18/01/1998
POSICIÓN	MEDIOCENTRO OFENSIVA
ESTATURA	1,62 M
DEBUT	2014
PIE PREFERIDO	DERECHO

APARICIONES
69

ASISTENCIAS
33

REGATES
180

PENALTIS MARCADOS
0

PASES
3525

PASES CON ÉXITO
87,5%

GOLES
28

TIROS
183

OCASIONES CREADAS
158

ENTRADAS
70

PALMARÉS EN CLUBES
⚽ Liga F: 2020, 2021, 2022, 2023, 2024
⚽ UEFA Women's Champions League: 2021, 2023, 2024
⚽ Copa de la Reina: 2017, 2018, 2020, 2021, 2022, 2024

PALMARÉS INTERNACIONAL
⚽ Copa Mundial Femenina de la FIFA: 2023
⚽ UEFA Women's Nations League: 2024

ÁREAS DE ACTIVIDAD

DELPHINE CASCARINO

En un papel de ataque por la derecha, pocas jugadoras pueden igualar la velocidad, habilidad y resolución de Delphine Cascarino. Tiene un arsenal de trucos y toques para superar a las defensas y encontrar a alguna compañera con centros con efecto o pases en profundidad. También es capaz de marcar.

NACIONALIDAD
Francesa

CLUB ACTUAL
San Diego Wave

20

F. NACIMIENTO	05/02/1997
POSICIÓN	EXTREMO
ESTATURA	1,64 M
DEBUT	2015
PIE PREFERIDO	DERECHO

APARICIONES
36

REGATES
155

ASISTENCIAS
5

PASES
875

PASES CON ÉXITO
75,1%

GOLES
9

PENALTIS MARCADOS
0

TIROS
63

OCASIONES CREADAS
61

ENTRADAS
40

PALMARÉS EN CLUBES
⚽ Division 1 Féminine: 2015, 2016, 2017, 2018, 2019, 2020, 2022, 2023, 2024
⚽ UEFA Women's Champions League: 2016, 2017, 2018, 2019, 2020, subcampeona 2024

PALMARÉS INTERNACIONAL
⚽ Nada hasta la fecha

ÁREAS DE ACTIVIDAD

22

NACIONALIDAD
Escocesa

CLUB ACTUAL
Chelsea

ERIN CUTHBERT

Erin Cuthbert llegó a los 50 goles con el Chelsea en 2023. Su tasa de goles unida a su tasa de trabajo en el centro del campo significa que tiene un gran rendimiento para el club. Versátil y comprometida con sus entradas, la estrella escocesa es una amenaza para sus rivales de un área a otra.

F. NACIMIENTO	19/07/1998
POSICIÓN	MEDIOCENTRO
ESTATURA	1,59 M
DEBUT	2013
PIE PREFERIDO	DERECHO

ASISTENCIAS
5

APARICIONES
38

REGATES
48

PENALTIS MARCADOS
0

PASES
1,655

PASES CON ÉXITO
83,6%

GOLES
9

TIROS
83

OCASIONES CREADAS
40

ENTRADAS
94

PALMARÉS EN CLUBES
⚽ Women's Super League: 2017, 2018, 2020, 2021, 2022, 2023, 2024
⚽ Women's FA Cup: 2018, 2021, 2022, 2023
⚽ UEFA Women's Champions League: subcampeona 2021
⚽ Women's FA League Cup: 2020, 2021

PALMARÉS INTERNACIONAL
⚽ Nada hasta la fecha

ÁREAS DE ACTIVIDAD

DEBINHA

A menudo, las rivales tienen que marcarla de dos en dos para contener las habilidades y arranques hacia delante que la hacen brillar. Ya sea trabajando como mediocentro organizadora o moviéndose hacia las bandas para abrir la defensa en los partidos reñidos, la estrella brasileña tiene el factor X especial en las botas.

 **NACIONALIDAD**
Brasileña

CLUB ACTUAL
Kansas City Current

 99

F. NACIMIENTO	20/10/1991
POSICIÓN	MEDIOCENTRO OFENSIVA
ESTATURA	1,57 M
DEBUT	2006
PIE PREFERIDO	DERECHO

APARICIONES
43

REGATES
195

ASISTENCIAS
7

PASES
1261

PASES CON ÉXITO
74,5%

GOLES
22

PENALTIS MARCADOS
3

TIROS
120

OCASIONES CREADAS
64

ENTRADAS
67

PALMARÉS EN CLUBES
⚽ NWSL Champions: 2018, 2019 (todas con North Carolina Courage)
⚽ NWSL Shield: 2017, 2018, 2019 (todas con North Carolina Courage)
⚽ NWSL Challenge Cup: 2022 (North Carolina Courage)

PALMARÉS INTERNACIONAL
⚽ Copa América Femenina: 2018, 2022

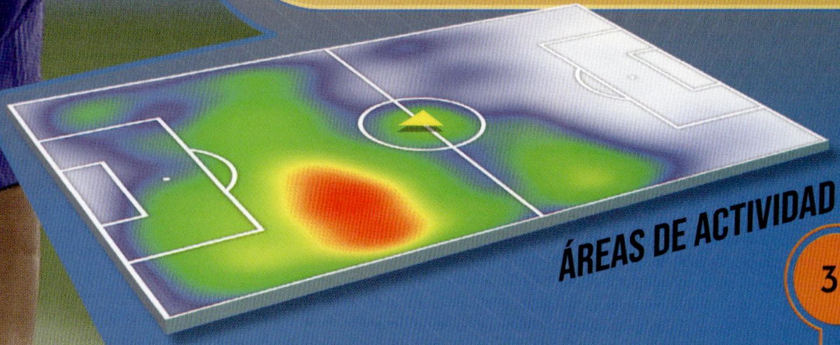

ÁREAS DE ACTIVIDAD

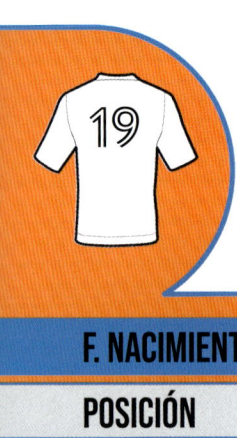

19

NACIONALIDAD
Estadounidense

CLUB ACTUAL
NJ/NY Gotham FC

CRYSTAL DUNN

Capaz de desempeñar el papel de centrocampista, atacante o defensa, Crystal Dunn es una jugadora crucial que inspira un rendimiento máximo. Sus carreras rápidas y explosivas pueden destrozar a la defensa. También puede controlar el juego ofensivo si hace falta una cabeza firme para obtener resultados.

F. NACIMIENTO	03/07/1993
POSICIÓN	MEDIOCENTRO
ESTATURA	1,57 M
DEBUT	2014
PIE PREFERIDO	DERECHO

APARICIONES
36

ASISTENCIAS
2

REGATES
54

PENALTIS MARCADOS
0

PASES
814

PASES CON ÉXITO
79,2%

GOLES
6

TIROS
50

OCASIONES CREADAS
40

ENTRADAS
56

PALMARÉS EN CLUBES
⚽ NWSL Championship: 2018, 2019 (todas con North Carolina Courage) 2022 (Portland Thorns)
⚽ NWSL Shield: 2018, 2019 (todas con North Carolina Shield), 2021 (Portland Thorns)

PALMARÉS INTERNACIONAL
⚽ Copa Mundial Femenina de la FIFA: 2019
⚽ Campeonato Femenino de CONCACAF: 2018
⚽ Copa Oro W de CONCACAF: 2024

ÁREAS DE ACTIVIDAD

GRACE GEYORO

La capitana del Paris Saint-Germain mantiene a su equipo bien situado entra las áreas. Grace Geyoro, que aprovecha los errores y es capaz de generar contraataques con un pase rodado o una carrera explosiva, disfruta de su papel decisivo en el centro del campo. Además, también es excelente en los cabezazos.

NACIONALIDAD
Francesa

CLUB ACTUAL
Paris Saint-Germain

8

F. NACIMIENTO	02/07/1997
POSICIÓN	MEDIOCENTRO
ESTATURA	1,68 M
DEBUT	2014
PIE PREFERIDO	DERECHO

APARICIONES
59

REGATES
113

ASISTENCIAS
8

PASES
2640
PASES
CON ÉXITO
89,2%

GOLES
20

PENALTIS
MARCADOS
3

ENTRADAS
96

TIROS
83

OCASIONES
CREADAS
70

PALMARÉS EN CLUBES
⚽ Division 1 Féminine: 2021
⚽ Coupe de France Féminine: 2018, 2022, 2024
⚽ UEFA Women's Champions League: subcampeona 2015, 2017

PALMARÉS INTERNACIONAL
⚽ Nada hasta la fecha

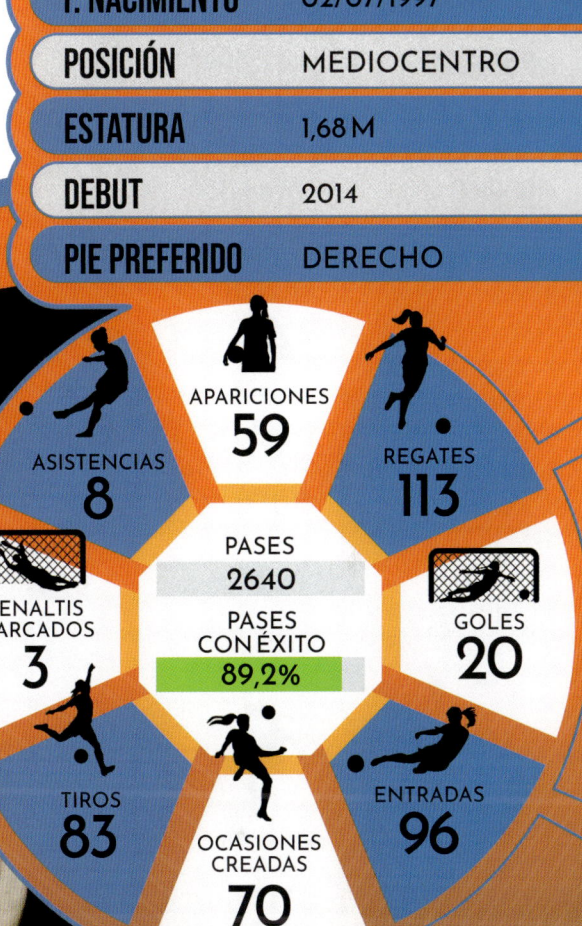

ÁREAS DE ACTIVIDAD

39

12

NACIONALIDAD
Española

CLUB ACTUAL
Barcelona

PATRI GUIJARRO

Patri Guijarro se coloca en el centro del campo, lista para generar ataques y hacer que su equipo avance. Muy limpia en los enfrentamientos, ejecuta pases perfectos con el pie derecho y su técnica para los tiros desde lejos es de las mejores.

F. NACIMIENTO	17/05/1998
POSICIÓN	MEDIOCENTRO
ESTATURA	1,71 M
DEBUT	2012
PIE PREFERIDO	DERECHO

APARICIONES
69

REGATES
66

ASISTENCIAS
17

PASES
5125

PASES
CON ÉXITO
86,8%

GOLES
15

PENALTIS
MARCADOS
0

TIROS
137

OCASIONES
CREADAS
121

ENTRADAS
103

PALMARÉS EN CLUBES
⚽ Liga F: 2020, 2021, 2022, 2023, 2024
⚽ UEFA Women's Champions League: 2021, 2023, 2024
⚽ Copa de la Reina: 2017, 2018, 2020, 2021, 2024

PALMARÉS INTERNACIONAL
⚽ Nada hasta la fecha

ÁREAS DE ACTIVIDAD

40

LAUREN HEMP

Jugando por la banda izquierda, Lauren Hemp es una pesadilla para las laterales rivales. Se lanza hacia delante a la menor oportunidad y es muy rápida para superar a las defensas y colocar pases cruciales en el área. Tiene el valor y el físico para imponerse a sus oponentes.

NACIONALIDAD
Inglesa

CLUB ACTUAL
Manchester City

11

F. NACIMIENTO	07/08/2000
POSICIÓN	EXTREMO
ESTATURA	1,64 M
DEBUT	2016
PIE PREFERIDO	IZQUIERDO

APARICIONES
41

ASISTENCIAS
14

REGATES
151

PASES
1212

PASES CON ÉXITO
76,3%

PENALTIS MARCADOS
0

GOLES
18

TIROS
127

OCASIONES CREADAS
103

ENTRADAS
51

PALMARÉS EN CLUBES
⚽ Women's FA Cup: 2019
⚽ Women's FA League Cup 2022

PALMARÉS INTERNACIONAL
⚽ Campeonato de Europa Femenino de la UEFA: 2022
⚽ Copa Mundial Femenina de la FIFA: subcampeona 2023
⚽ Women's Finalissima: 2023

ÁREAS DE ACTIVIDAD

41

26

NACIONALIDAD
Estadounidense

CLUB ACTUAL
Lyon

LINDSEY HORAN

Lindsey Horan es una fuerza creativa en el centro del campo, capaz de atravesar la defensa y situarse en posiciones de delantera. Aunque puede marcar goles por sí misma, a menudo busca en el campo en un segundo cuál es la mejor opción. Le encantan las carreras al área rival en el momento justo.

F. NACIMIENTO	26/05/1994
POSICIÓN	MEDIOCENTRO OFENSIVA
ESTATURA	1,75 M
DEBUT	2012
PIE PREFERIDO	DERECHO

ASISTENCIAS
8

APARICIONES
46

REGATES
80

PENALTIS MARCADOS
0

PASES
2096

PASES CON ÉXITO
83,1%

GOLES
13

TIROS
122

OCASIONES CREADAS
60

ENTRADAS
57

PALMARÉS EN CLUBES
⚽ Division 1 Féminine: 2022, 2023, 2024 ⚽ UEFA Women's Champions League: 2022, subcampeona 2024 ⚽ Coupe de France Féminine: 2023 ⚽ NWSL Champions: 2017 (Portland Thorns) ⚽ NWSL Shield: 2016, 2021 (todas con Portland Thorns) ⚽ NWSL Challenge Cup: 2021 (Portland Thorns FC)

PALMARÉS INTERNACIONAL
⚽ Copa Mundial Femenina de la FIFA: 2019
⚽ Campeonato Femenino de CONCACAF: 2018, 2022
⚽ Copa Oro W de CONCACAF: 2024

ÁREAS DE ACTIVIDAD

ROSE LAVELLE

Marcar un gol espectacular en la final de una Copa Mundial es un gran sueño, pero, para Rose Lavelle, es parte de su increíble historia de éxitos. Orquesta ataques rápidos y fluidos y está cómoda centrando y chutando con cualquier pie. Esas habilidades van acompañadas de una actitud pasional.

NACIONALIDAD
Estadounidense

CLUB ACTUAL
NJ/NY Gotham FC

16

F. NACIMIENTO	14/05/1995
POSICIÓN	MEDIOCENTRO OFENSIVA
ESTATURA	1,62 M
DEBUT	2014
PIE PREFERIDO	IZQUIERDO

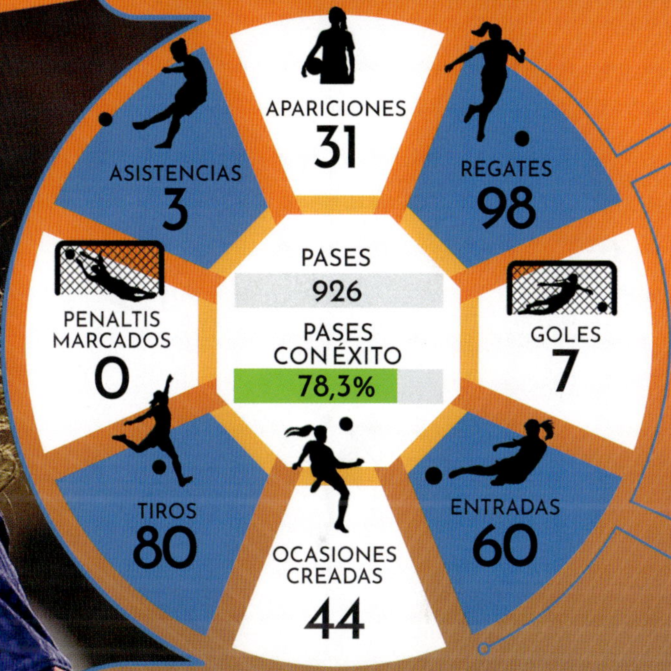

APARICIONES
31

REGATES
98

ASISTENCIAS
3

PASES
926

PASES CON ÉXITO
78,3%

GOLES
7

PENALTIS MARCADOS
0

ENTRADAS
60

TIROS
80

OCASIONES CREADAS
44

PALMARÉS EN CLUBES
⚽ NWSL Shield: 2022 (OL Reign)
⚽ Women's FA Cup: 2020 (Manchester City)

PALMARÉS INTERNACIONAL
⚽ Copa Mundial Femenina de la FIFA: 2019
⚽ Campeonato Femenino de CONCACAF: 2018, 2022
⚽ Copa Oro W de CONCACAF: 2024

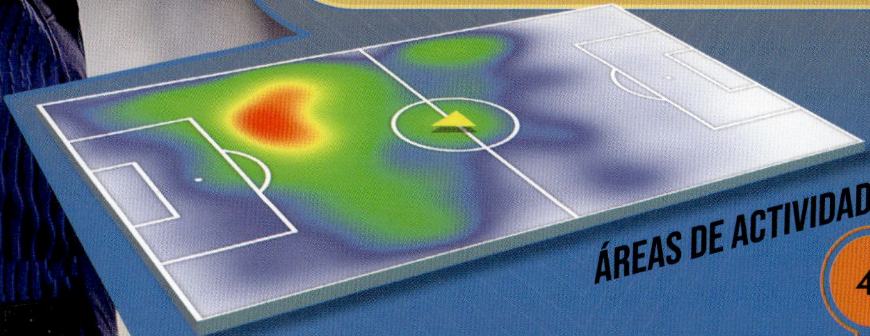

ÁREAS DE ACTIVIDAD

 **NACIONALIDAD**
Escocesa

CLUB ACTUAL
Arsenal

KIM LITTLE

Modelo de constancia tanto en sus actuaciones como en su deseo de ganar, Kim Little celebró sus 300 apariciones con el Arsenal en 2024. Es una centrocampista resuelta y creativa con un buen pie derecho y sabe mantener la cabeza fría en el punto de penalti.

F. NACIMIENTO	29/06/1990
POSICIÓN	MEDIOCENTRO
ESTATURA	1,62 M
DEBUT	2006
PIE PREFERIDO	DERECHO

APARICIONES
35

REGATES
47

ASISTENCIAS
5

PASES
1639

PASES
CON ÉXITO
87,6%

GOLES
6

PENALTIS
MARCADOS
5

TIROS
33

ENTRADAS
48

OCASIONES
CREADAS
41

PALMARÉS EN CLUBES
⚽ Women's Super League: 2011, 2012, 2019 ⚽ Women's FA Cup: 2009, 2011, 2013 ⚽ Women's FA League Cup: 2011, 2012, 2013, 2018, 2023, 2024 ⚽ NWSL Shield: 2014, 2015 (todas con Seattle Reign) ⚽ A-League Champions: 2016 (Melbourne City) ⚽ A-League Premiership: 2016 (Melbourne City)

PALMARÉS INTERNACIONAL
⚽ Nada hasta la fecha

ÁREAS DE ACTIVIDAD

VICKY LÓPEZ

La habilidad, madurez y capacidad para acabar las jugadas de esta adolescente son aterradoras. Cuando ataca, Vicky López tiene la potencia y la capacidad atlética para superar a las defensas y chutar. Además de su talento frente a la portería, su juego de apoyo y su presión son de gran calidad.

NACIONALIDAD
Española

CLUB ACTUAL
Barcelona

30

F. NACIMIENTO	26/06/2006
POSICIÓN	MEDIOCENTRO OFENSIVA
ESTATURA	1,61 M
DEBUT	2021
PIE PREFERIDO	DERECHO

APARICIONES
40

REGATES
54

ASISTENCIAS
3

PASES
1014

PASES
CON ÉXITO
83,2%

GOLES
10

PENALTIS
MARCADOS
0

TIROS
58

OCASIONES
CREADAS
25

ENTRADAS
38

PALMARÉS EN CLUBES
⚽ Liga F: 2023, 2024
⚽ UEFA Women's Champions League: 2023, 2024
⚽ Copa de la Reina: 2024

PALMARÉS INTERNACIONAL
⚽ UEFA Women's Nations League: 2024

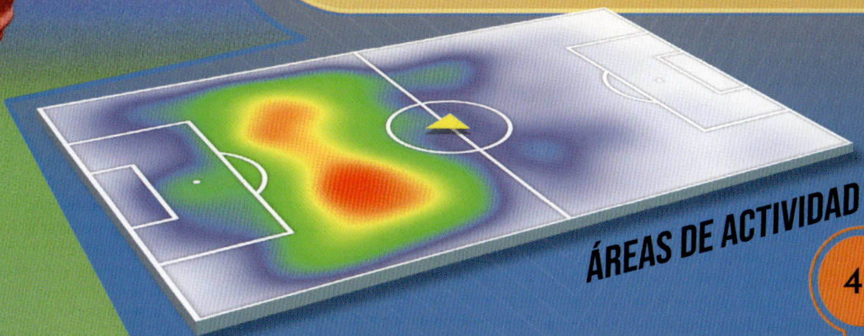

ÁREAS DE ACTIVIDAD

NACIONALIDAD
Noruega

CLUB ACTUAL
Arsenal

FRIDA MAANUM

Cabe esperar ver a Frida Maanum llevando a su equipo hacia delante, desde el centro del campo o en una posición de ataque. Su gran juego de pies le ayuda a vencer en el uno contra uno y no le da miedo chutar desde lejos. Es una de las mejores lanzadoras de faltas de la WSL.

F. NACIMIENTO	16/07/1999
POSICIÓN	MEDIOCENTRO
ESTATURA	1,71 M
DEBUT	2014
PIE PREFERIDO	DERECHO

APARICIONES
53

ASISTENCIAS
7

REGATES
100

PASES
1280

PASES CON ÉXITO
79,3%

PENALTIS MARCADOS
0

GOLES
17

TIROS
132

OCASIONES CREADAS
78

ENTRADAS
37

PALMARÉS EN CLUBES
⚽ FA Women's League Cup: 2023, 2024

PALMARÉS INTERNACIONAL
⚽ Nada hasta la fecha

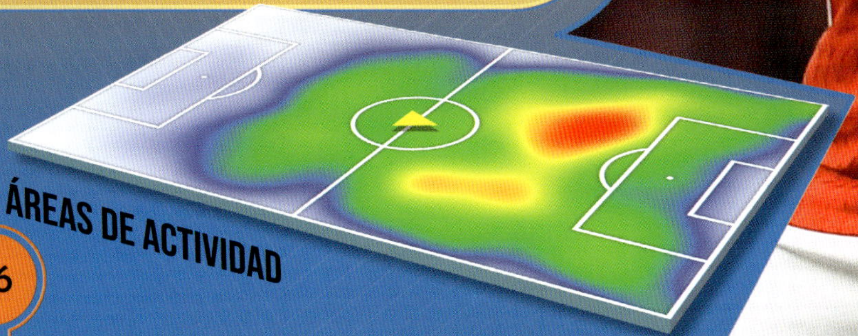

ÁREAS DE ACTIVIDAD

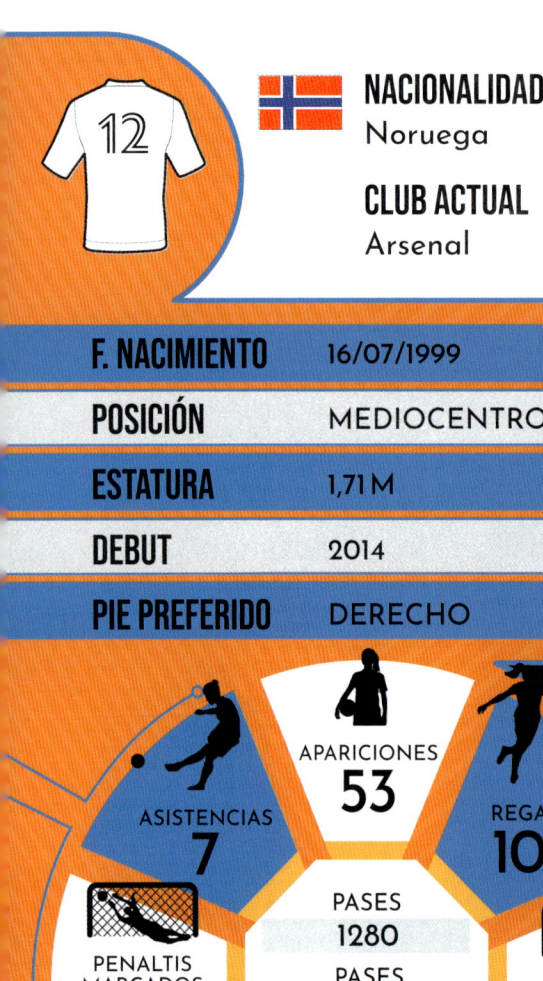

LIEKE MARTENS

Lieke Martens es diestra y suele jugar en la banda izquierda, lo que le permite recortar por dentro y realizar tiros y pases precisos. Si el balón queda cerca del área, puede marcar un gol sin levantar mucho la pierna hacia atrás. Su técnica de volea es una de las mejores.

NACIONALIDAD
Holandesa

CLUB ACTUAL
Paris Saint-Germain

11

F. NACIMIENTO	16/12/1992
POSICIÓN	EXTREMO
ESTATURA	1,70 M
DEBUT	2009
PIE PREFERIDO	DERECHO

APARICIONES
45

ASISTENCIAS
5

REGATES
66

PENALTIS MARCADOS
0

PASES
1051

PASES CON ÉXITO
81,4%

GOLES
6

TIROS
82

OCASIONES CREADAS
41

ENTRADAS
19

PALMARÉS EN CLUBES
⚽ Liga F: 2020, 2021, 2022 (todas con Barcelona)
⚽ UEFA Women's Champions League: 2021 (Barcelona)
⚽ Copa de la Reina: 2018, 2020, 2021, 2022 (todas con Barcelona)

PALMARÉS INTERNACIONAL
⚽ Campeonato de Europa Femenino de la UEFA: 2017
⚽ Copa Mundial Femenina de la FIFA: subcampeona 2019

ÁREAS DE ACTIVIDAD

NACIONALIDAD
Japonesa

CLUB ACTUAL
Manchester United

HINATA MIYAZAWA

Con su velocidad y sus grandes finalizaciones de jugadas, Hinata Miyazawa realiza un trabajo excepcional apoyando a las delanteras y aumentando las opciones de ataque de su equipo. Hábil con ambos pies, hace pases inteligentes y chuta con facilidad. Fue la máxima goleadora de la Copa Mundial de 2023.

F. NACIMIENTO	28/11/1999
POSICIÓN	MEDIOCENTRO OFENSIVA
ESTATURA	1,60 M
DEBUT	2018
PIE PREFERIDO	DERECHO

APARICIONES
12

ASISTENCIAS
1

REGATES
6

PASES
235

PENALTIS MARCADOS
0

PASES CON ÉXITO
84,3%

GOLES
1

TIROS
19

OCASIONES CREADAS
8

ENTRADAS
8

PALMARÉS EN CLUBES
⚽ AFC Women's Club Championship: 2019 (Tokyo Verdy Beleza)
⚽ Women's FA Cup: 2024

PALMARÉS INTERNACIONAL
⚽ Nada hasta la fecha

ÁREAS DE ACTIVIDAD

LENA OBERDORF

Considerada como una de las mejores mediocentros defensivas jóvenes de Europa, Lena Oberdorf fichó por el gran Bayern de Múnich en 2024. Líder natural que exige altos estándares, disfruta presionando y haciendo entradas y, cuando se abre un espacio, tiene la capacidad de avanzar hacia delante.

NACIONALIDAD
Alemana

CLUB ACTUAL
Bayern de Múnich

*POR CONFIRMAR

F. NACIMIENTO	19/12/2001
POSICIÓN	MEDIOCENTRO DEFENSIVA
ESTATURA	1,74 M
DEBUT	2018
PIE PREFERIDO	DERECHO

APARICIONES
42

ASISTENCIAS
5

REGATES
47

PENALTIS MARCADOS
0

PASES
1631

PASES CON ÉXITO
71,5%

GOLES
8

TIROS
49

OCASIONES CREADAS
34

ENTRADAS
144

PALMARÉS EN CLUBES
⚽ Frauen-Bundesliga: 2022 (VfL Wolfsburg)
⚽ DFB-Pokal Frauen: 2021, 2022, 2023, 2024

PALMARÉS INTERNACIONAL
⚽ Campeonato de Europa Femenino de la UEFA: subcampeona 2022

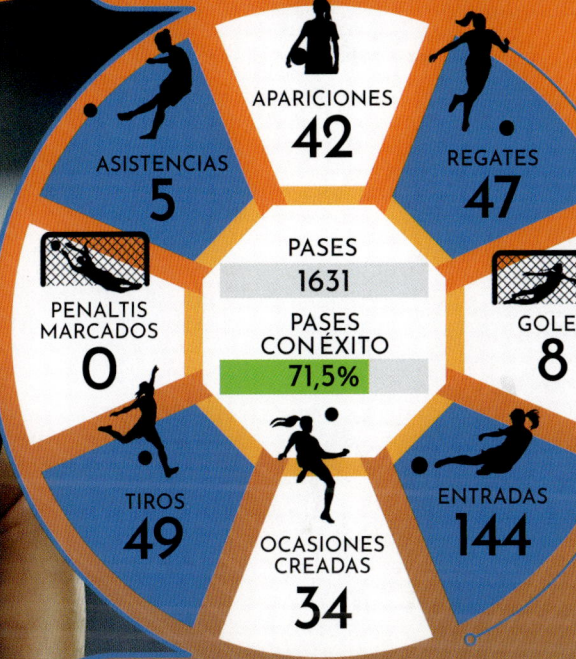

ÁREAS DE ACTIVIDAD

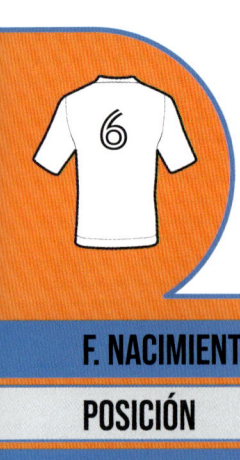

6

NACIONALIDAD
Española

CLUB ACTUAL
Barcelona

CLÀUDIA PINA

Capaz de jugar como centrocampista o como delantera, la prolífica número seis del Barcelona tiene atributos únicos que la convierten en una jugadora de primera categoría. Clàudia Pina aparece en espacios pequeños y tira a portería, desorientando incluso a las defensas más disciplinadas.

F. NACIMIENTO	08/12/2001
POSICIÓN	MEDIOCENTRO OFENSIVA
ESTATURA	1,60 M
DEBUT	2016
PIE PREFERIDO	DERECHO

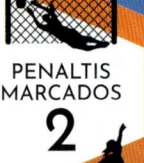

APARICIONES
65

ASISTENCIAS
18

REGATES
80

PASES
2103

PASES CON ÉXITO
84,4%

PENALTIS MARCADOS
2

GOLES
26

TIROS
176

ENTRADAS
55

OCASIONES CREADAS
125

PALMARÉS EN CLUBES
- Liga F: 2020, 2022, 2023, 2024
- UEFA Women's Champions League: 2023, 2024
- Copa de la Reina: 2020, 2022, 2024

PALMARÉS INTERNACIONAL
- Nada hasta la fecha

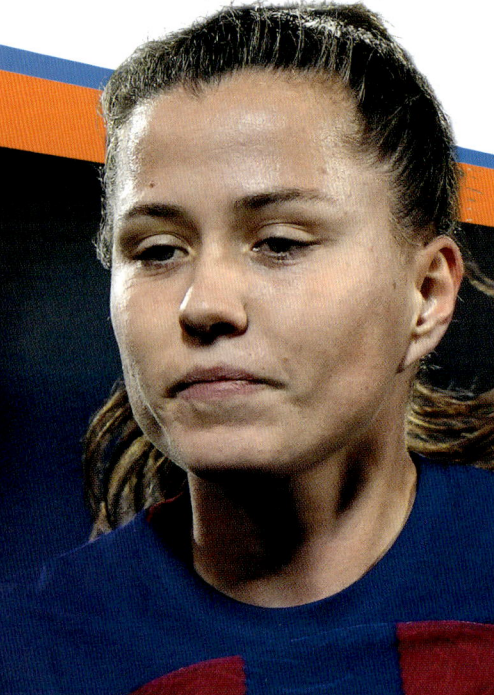

ÁREAS DE ACTIVIDAD

ALEXIA PUTELLAS

Podría decirse que la premiada centrocampista del Barcelona es hoy por hoy la jugadora más determinante tanto para su club como para su selección. Su juego posicional y su instinto de ataque se suma a su trabajo defensivo dinámico. Alexia Putellas hace que moverse con sigilo entre las rivales y hacer un pase rastrero parezca fácil.

NACIONALIDAD
Española

CLUB ACTUAL
Barcelona

11

F. NACIMIENTO	04/02/1994
POSICIÓN	MEDIOCENTRO OFENSIVA
ESTATURA	1,73 M
DEBUT	2008
PIE PREFERIDO	IZQUIERDO

APARICIONES
30

ASISTENCIAS
5

REGATES
44

PASES
992

PASES
CON ÉXITO
83,8%

PENALTIS
MARCADOS
2

GOLES
12

TIROS
69

ENTRADAS
24

OCASIONES
CREADAS
44

PALMARÉS EN CLUBES
⚽ Liga F: 2013, 2014, 2015, 2020, 2021, 2022, 2023, 2024
⚽ UEFA Women's Champions League: 2021, 2023, 2024
⚽ Copa de la Reina: 2013, 2014, 2017, 2018, 2020, 2021, 2022, 2024

PALMARÉS INTERNACIONAL
⚽ Copa Mundial Femenina de la FIFA: 2023
⚽ UEFA Women's Nations League: 2024

ÁREAS DE ACTIVIDAD

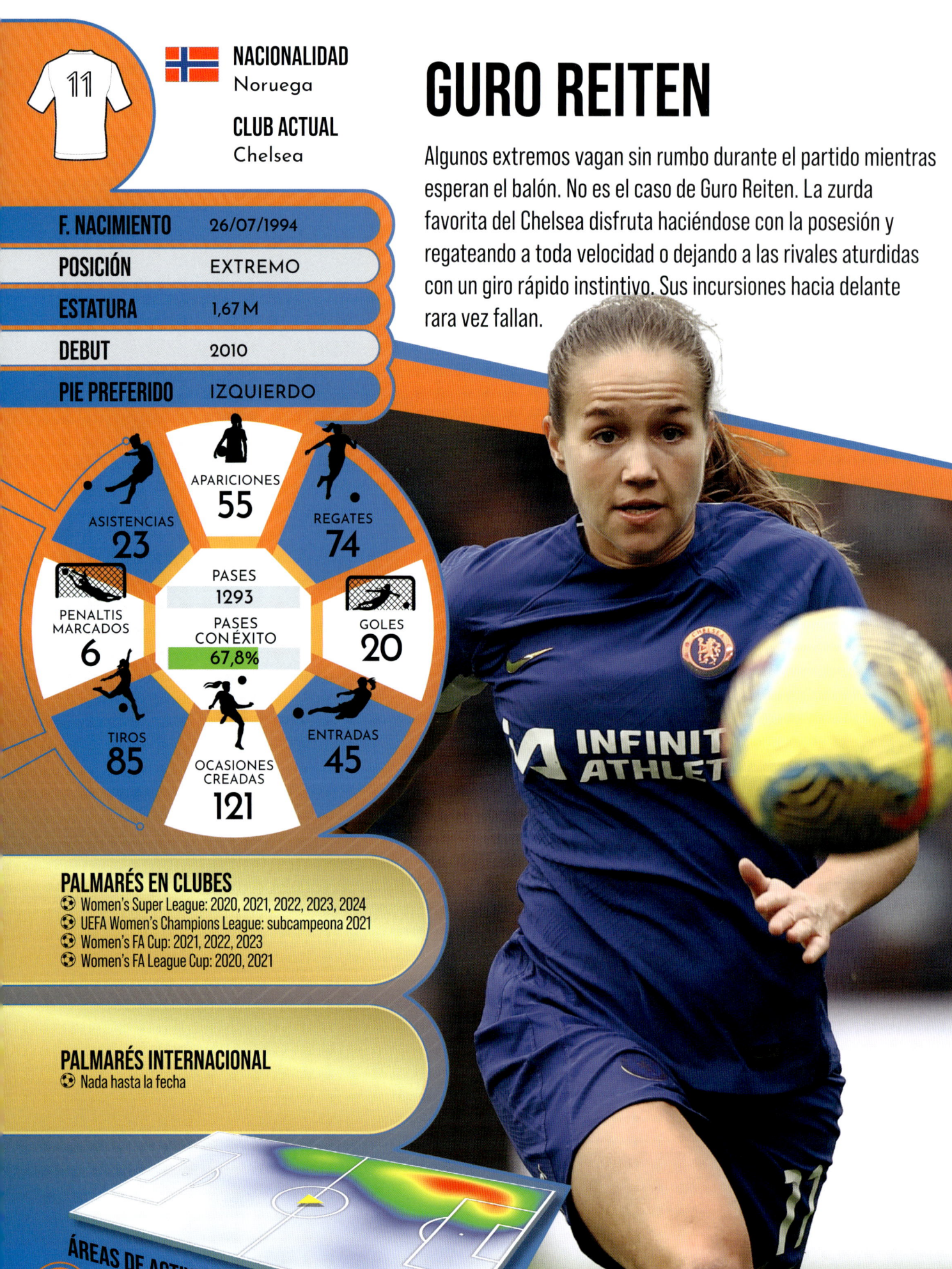

NACIONALIDAD
Noruega

CLUB ACTUAL
Chelsea

GURO REITEN

Algunos extremos vagan sin rumbo durante el partido mientras esperan el balón. No es el caso de Guro Reiten. La zurda favorita del Chelsea disfruta haciéndose con la posesión y regateando a toda velocidad o dejando a las rivales aturdidas con un giro rápido instintivo. Sus incursiones hacia delante rara vez fallan.

F. NACIMIENTO	26/07/1994
POSICIÓN	EXTREMO
ESTATURA	1,67 M
DEBUT	2010
PIE PREFERIDO	IZQUIERDO

APARICIONES
55

ASISTENCIAS
23

REGATES
74

PENALTIS MARCADOS
6

PASES
1293

PASES CON ÉXITO
67,8%

GOLES
20

TIROS
85

OCASIONES CREADAS
121

ENTRADAS
45

PALMARÉS EN CLUBES
⚽ Women's Super League: 2020, 2021, 2022, 2023, 2024
⚽ UEFA Women's Champions League: subcampeona 2021
⚽ Women's FA Cup: 2021, 2022, 2023
⚽ Women's FA League Cup: 2020, 2021

PALMARÉS INTERNACIONAL
⚽ Nada hasta la fecha

ÁREAS DE ACTIVIDAD

GEORGIA STANWAY

La influencia de Georgia Stanway puede pasar desapercibida en el centro del campo, pero no hay que subestimar su importancia. En las transiciones, su habilidad para recuperar balones al segundo toque y hacer entradas puede ser la diferencia entre la victoria y la derrota. Es muy competitiva, con una fuerte voluntad de ganar.

NACIONALIDAD
Inglesa

CLUB ACTUAL
Bayern de Múnich

31

F. NACIMIENTO	03/01/1999
POSICIÓN	MEDIOCENTRO
ESTATURA	1,64 M
DEBUT	2015
PIE PREFERIDO	DERECHO

APARICIONES
56

ASISTENCIAS
10

REGATES
127

PASES
3827

PENALTIS MARCADOS
4

PASES CON ÉXITO
84,9%

GOLES
15

TIROS
109

OCASIONES CREADAS
80

ENTRADAS
115

PALMARÉS EN CLUBES
⚽ Frauen-Bundesliga: 2023, 2024
⚽ Women's Super League: 2016 (Manchester City)
⚽ Women's FA Cup: 2017, 2019, 2020 (Manchester City)
⚽ Women's FA League Cup: 2016, 2019, 2022 (Manchester City)

PALMARÉS INTERNACIONAL
⚽ Campeonato de Europa Femenino de la UEFA: 2022
⚽ Copa Mundial Femenina de la FIFA: subcampeona 2023
⚽ Women's Finalissima: 2023

ÁREAS DE ACTIVIDAD

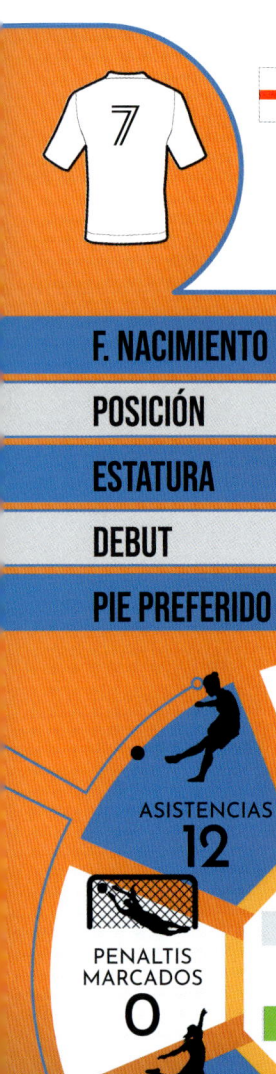

NACIONALIDAD
Inglesa

CLUB ACTUAL
Manchester United

ELLA TOONE

Lo que ofrece Ella Toone son goles, asistencias y actuaciones de primer nivel. Centrocampista inteligente que se desmarca de las delanteras, realiza contribuciones importantes con su energía, su técnica y sus pases visionarios. "Tooney" puede alentar a sus compañeras y poner en pie a la multitud con un momento mágico.

F. NACIMIENTO	02/09/1999
POSICIÓN	MEDIOCENTRO
ESTATURA	1,63 M
DEBUT	2015
PIE PREFERIDO	DERECHO

ASISTENCIAS
12

APARICIONES
44

REGATES
62

PENALTIS MARCADOS
0

PASES
1729

PASES CON ÉXITO
79,2%

GOLES
9

TIROS
75

OCASIONES CREADAS
75

ENTRADAS
33

PALMARÉS EN CLUBES
⚽ Women's Super League: 2016 (Manchester City)
⚽ FA Women's Championship: 2019
⚽ Women's FA Cup: 2024
⚽ Women's FA League Cup: 2016 (Manchester City)

PALMARÉS INTERNACIONAL
⚽ Campeonato de Europa Femenino de la UEFA: 2022
⚽ Women's Finalissima: 2023
⚽ Copa Mundial Femenina de la FIFA: subcampeona 2023

ÁREAS DE ACTIVIDAD

DANIËLLE VAN DE DONK

NACIONALIDAD
Holandesa

CLUB ACTUAL
Lyon

17

Gracias a su visión y experiencia, Daniëlle van de Donk crea ocasiones de gol que, con frecuencia, hacen daño a las rivales. Es eficaz con sus entradas y pases y le encanta ir hacia delante, lista para chutar con la derecha. También es muy hábil con los cabezazos.

F. NACIMIENTO	05/08/1991
POSICIÓN	MEDIOCENTRO
ESTATURA	1,60 M
DEBUT	2008
PIE PREFERIDO	DERECHO

APARICIONES
57

REGATES
73

ASISTENCIAS
7

PASES
1712

PASES
CON ÉXITO
81,5%

GOLES
9

PENALTIS
MARCADOS
0

ENTRADAS
80

TIROS
82

OCASIONES
CREADAS
62

PALMARÉS EN CLUBES
⚽ Division 1 Féminine: 2022, 2023, 2024
⚽ UEFA Women's Champions League: 2022, subcampeona 2024
⚽ Women's FA Cup: 2016 (Arsenal)

PALMARÉS INTERNACIONAL
⚽ Campeonato de Europa Femenino de la UEFA: 2017
⚽ Copa Mundial Femenina de la FIFA: 2019

ÁREAS DE ACTIVIDAD

21

NACIONALIDAD
Inglesa

CLUB ACTUAL
Barcelona

KEIRA WALSH

Keira Walsh estorba a las rivales en las áreas centrales y recupera el balón de forma excelente. Más que una jugadora defensiva, sus pases hacia delante y sus movimientos inteligentes aumentan las oportunidades para su equipo. Tiene potencia, se hace oír y siempre mantiene el control.

F. NACIMIENTO	08/04/1997
POSICIÓN	MEDIOCENTRO DEFENSIVA
ESTATURA	1,65 M
DEBUT	2014
PIE PREFERIDO	DERECHO

ASISTENCIAS
6

APARICIONES
68

REGATES
33

PENALTIS MARCADOS
0

PASES
3905

PASES CON ÉXITO
92,4%

GOLES
3

TIROS
20

OCASIONES CREADAS
58

ENTRADAS
74

PALMARÉS EN CLUBES
⚽ Liga F: 2023, 2024 ⚽ UEFA Women's Champions League: 2023, 2024 ⚽ Women's Super League: 2016 ⚽ Copa de la Reina: 2024 ⚽ Women's FA Cup: 2017, 2019, 2020 ⚽ Women's FA League Cup: 2014, 2016, 2019, 2022 (todas con Manchester City)

PALMARÉS INTERNACIONAL
⚽ Campeonato de Europa Femenino de la UEFA: 2022
⚽ Women's Finalissima: 2023
⚽ Copa Mundial Femenina de la FIFA: subcampeona 2023

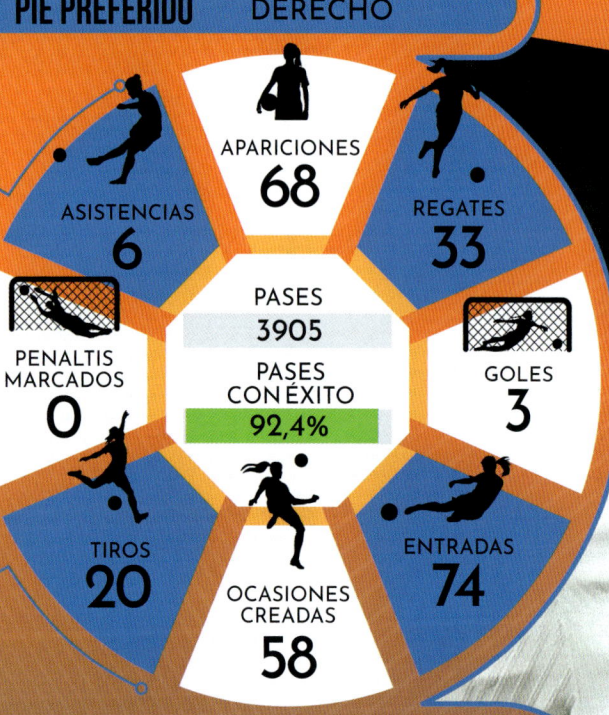

ÁREAS DE ACTIVIDAD

CAROLINE WEIR

Alta, ágil, fuerte y con un pie izquierdo que hace magia, Caroline Weir brilla en su labor como mediocentro ofensiva. Sus entrenadores adoran cómo chuta y alcanza el objetivo desde lejos, y también cuando conecta con centros preciosos. Ofrece el pack completo.

NACIONALIDAD
Escocesa

CLUB ACTUAL
Real Madrid

F. NACIMIENTO	20/06/1995
POSICIÓN	MEDIOCENTRO OFENSIVA
ESTATURA	1,73 M
DEBUT	2011
PIE PREFERIDO	IZQUIERDO

APARICIONES
34

REGATES
86

ASISTENCIAS
12

PASES
1424

PASES CON ÉXITO
87,3%

GOLES
21

PENALTIS MARCADOS
0

ENTRADAS
36

TIROS
108

OCASIONES CREADAS
93

PALMARÉS EN CLUBES
⚽ Women's FA Cup: 2014 (Arsenal), 2019*, 2020* (*Manchester City),
⚽ Women's FA League Cup: 2019, 2020 (todas con Manchester City)

PALMARÉS INTERNACIONAL
⚽ Nada hasta la fecha

ÁREAS DE ACTIVIDAD

DELANTERAS

Las jugadoras que suelen acaparar los titulares son las delanteras. Su tarea es hacer lo más importante del fútbol: ¡marcar goles! Para ello, las delanteras necesitan una amplia variedad de habilidades, desde chutar con precisión a ser valientes para rematar de cabeza y saber cuándo correr al área. Estas jugadoras pueden ser grandes y fuertes o pequeñas y rápidas. A veces, juegan en un dúo atacante o como parte de un trío y otras veces lideran el ataque en solitario. A las delanteras les encanta ser las heroínas cuando mandan el balón al fondo de la portería.

¿QUÉ SIGNIFICAN ESTAS ESTADÍSTICAS?

GOLES

Es el número total de goles que ha marcado una delantera. La cifra abarca todos los clubes importantes a los que ha pertenecido la jugadora en las dos últimas temporadas.

TASA DE CONVERSIÓN

El porcentaje muestra lo buena que es la jugadora a la hora de aprovechar sus ocasiones frente a la portería. Si una jugadora marca dos goles en cuatro tiros, su tasa de conversión es del 50 %.

ASISTENCIAS

Un pase, centro o cabezazo a una compañera de equipo que después marca cuenta como asistencia. Esta estadística incluye también los tiros desviados que convierte una compañera.

128 MINUTOS POR GOL

Es el periodo de tiempo medio que tarda la jugadora en marcar. Se calcula según los minutos que la futbolista ha jugado en las dos últimas temporadas al máximo nivel.

¿Lo sabías?

En la mayoría de las ligas y competiciones importantes, la jugadora que acaba siendo la máxima goleadora gana un trofeo llamado bota de oro. En 2022, Alex Morgan (en la imagen), del San Diego Wave FC, ganó la bota de oro de la NWSL con 15 goles.

17

NACIONALIDAD
Alemana

CLUB ACTUAL
Bayern de Múnich

KLARA BÜHL

Klara Bühl tiene un talento inmenso para el ataque y llegó a la liga principal de Alemania con solo 15 años. Bühl supera a las defensas en un papel central y, si se desmarca, puede utilizar su habilidad y su rapidez con los pies para sortear a las rivales. Alemania va a tener una delantera peligrosa durante muchos años.

F. NACIMIENTO	07/12/2000
POSICIÓN	DELANTERA CENTRO
ESTATURA	1,73 M
DEBUT	2016
PIE PREFERIDO	DERECHO

GOLES
11

PENALTIS MARCADOS
0

APARICIONES
55

ASISTENCIAS
22

TASA DE CONVERSIÓN
11%

MINUTOS POR GOL
364

GOLES IZDA.
2

GOLES DCHA.
8

HAT-TRICKS
0

GOLES DE CABEZA
1

TIROS
100

PALMARÉS EN CLUBES
⚽ Frauen-Bundesliga: 2021, 2023, 2024

PALMARÉS INTERNACIONAL
⚽ Campeonato de Europa Femenino de la UEFA: subcampeona 2022

ÁREAS DE ACTIVIDAD

KADIDIATOU DIANI

Kadidiatou Diani es una amenaza enorme en la zona de ataque. No solo es metódica dentro del área, sino que sus regates y su velocidad le permiten crear oportunidades para su equipo. Como demostró en la Copa Mundial de 2023, donde fue la segunda máxima goleadora, Diani se crece en las grandes ocasiones.

NACIONALIDAD
Francesa

CLUB ACTUAL
Lyon

11

F. NACIMIENTO	01/04/1995
POSICIÓN	DELANTERA
ESTATURA	1,69 M
DEBUT	2011
PIE PREFERIDO	DERECHO

GOLES
36

PENALTIS MARCADOS
7

APARICIONES
53

ASISTENCIAS
16

TASA DE CONVERSIÓN
22,5%

MINUTOS POR GOL
108

GOLES IZDA.
3

GOLES DCHA.
24

HAT-TRICKS
1

GOLES DE CABEZA
8

TIROS
160

PALMARÉS EN CLUBES
⚽ Division 1 Féminine: 2021 (PSG), 2024
⚽ UEFA Women's Champions League: subcampeona 2024
⚽ Coupe de France Féminine: 2018, 2022 (todas con PSG)

PALMARÉS INTERNACIONAL
⚽ Nada hasta la fecha

ÁREAS DE ACTIVIDAD

19

NACIONALIDAD
Australiana

CLUB ACTUAL
Arsenal

F. NACIMIENTO	11/11/1994
POSICIÓN	DELANTERA
ESTATURA	1,65 M
DEBUT	2009
PIE PREFERIDO	DERECHO

CAITLIN FOORD

Caitlin Foord es conocida por sus momentos inspiradores para su club y su selección. Y sea jugando en largo por las bandas o por el centro, la capacidad de ataque de Foord y su hambre de gol llevan a su equipo a la victoria con frecuencia. Desde lejos o en corto, sabe cómo encontrar portería.

GOLES
14

PENALTIS MARCADOS
0

APARICIONES
48

ASISTENCIAS
12

TASA DE CONVERSIÓN
11,3%

MINUTOS POR GOL
252

GOLES IZDA.
3

GOLES DCHA.
9

HAT-TRICKS
0

GOLES DE CABEZA
2

TIROS
124

PALMARÉS EN CLUBES
⚽ A-League Premiership: 2011 (Sydney FC), 2014 (Perth Glory)
⚽ A-League Championship: 2013, 2019 (Sydney FC)
⚽ Women's FA League Cup: 2023, 2024

PALMARÉS INTERNACIONAL
⚽ Nada hasta la fecha

ÁREAS DE ACTIVIDAD

CAROLINE GRAHAM HANSEN

NACIONALIDAD
Noruega

CLUB ACTUAL
Barcelona

Caroline Graham Hansen es una goleadora nata y una de las mejores regateadoras que hay, razones por las que tiene el honor de llevar el número 10 en el Barcelona. Es conocida por ir sorteando a las defensas y hacer pases y centros inteligentes. Graham ni siquiera ha llegado todavía a su mejor momento.

F. NACIMIENTO	18/02/1995
POSICIÓN	DELANTERA
ESTATURA	1,75 M
DEBUT	2010
PIE PREFERIDO	DERECHO

GOLES 37
PENALTIS MARCADOS 1
APARICIONES 52
ASISTENCIAS 32
TASA DE CONVERSIÓN 19,4%
MINUTOS POR GOL 99
GOLES IZDA. 11
GOLES DCHA. 24
HAT-TRICKS 1
GOLES DE CABEZA 2
TIROS 191

PALMARÉS EN CLUBES
- Liga F: 2020, 2021, 2022, 2023, 2024
- UEFA Women's Champions League: 2021, 2023, 2024
- Frauen Bundesliga: 2017, 2018, 2019 (todas con VfL Wolfsburg)

PALMARÉS INTERNACIONAL
- Campeonato de Europa Femenino de la UEFA: subcampeona 2013

ÁREAS DE ACTIVIDAD

21

NACIONALIDAD
Danesa

CLUB ACTUAL
Bayern de Múnich

PERNILLE HARDER

Capaz de acabar la jugada con el pie derecho o el izquierdo, Pernille Harder es una atacante escurridiza y versátil. La capitana de Dinamarca domina el espacio con carreras potentes y tiene la frialdad y la visión para chutar o hacer una asistencia. También se le dan bien los tiros de falta y los cabezazos.

F. NACIMIENTO	15/11/1992
POSICIÓN	DELANTERA
ESTATURA	1,67 M
DEBUT	2007
PIE PREFERIDO	AMBOS

GOLES
20

PENALTIS MARCADOS
1

APARICIONES
32

ASISTENCIAS
9

TASA DE CONVERSIÓN
20,4%

MINUTOS POR GOL
107

GOLES IZDA.
3

GOLES DCHA.
14

HAT-TRICKS
2

GOLES DE CABEZA
3

TIROS
98

PALMARÉS EN CLUBES
⚽ Frauen-Bundesliga: 2017-2020 (con VfL Wolfsburg), 2024 ⚽ DFB-Pokal Frauen: 2017-2020 (con VfL Wolfsburg) ⚽ Women's Super League: 2021-2023 (con Chelsea) ⚽ Women's FA Cup: 2021-2023 (con Chelsea) ⚽ UEFA Women's Champions League: subcampeona 2021 (Chelsea) subcampeona 2018*, 2020* (*VfL Wolfsburg)

PALMARÉS INTERNACIONAL
⚽ Campeonato de Europa Femenino de la UEFA: subcampeona 2017

ÁREAS DE ACTIVIDAD

ADA HEGERBERG

¡Ada Hegerberg está entre las jugadoras con más logros del fútbol femenino! Además de ganar múltiples trofeos con su equipo, esta prolífica delantera lidera la lista de goleadoras de la UEFA Champions League con más de 60 goles y fue la primera ganadora del Balón de Oro femenino en 2018. Es una jugadora de primera categoría desde hace más de una década.

NACIONALIDAD
Noruega

CLUB ACTUAL
Lyon

14

F. NACIMIENTO	10/07/1995
POSICIÓN	DELANTERA CENTRO
ESTATURA	1,76 M
DEBUT	2010
PIE PREFERIDO	DERECHO

GOLES
21

PENALTIS MARCADOS
3

APARICIONES
28

ASISTENCIAS
3

TASA DE CONVERSIÓN
20,6%

MINUTOS POR GOL
73

GOLES IZDA.
5

GOLES DCHA.
16

HAT-TRICKS
3

GOLES DE CABEZA
0

TIROS
102

PALMARÉS EN CLUBES
⚽ Division 1 Féminine: 2015, 2016, 2017, 2018, 2019, 2020, 2022, 2023, 2024 ⚽ UEFA Women's Champions League: 2016, 2017, 2018, 2019, 2020, 2022, subcampeona 2024 ⚽ Coupe de France Féminine: 2015, 2016, 2017, 2019, 2020, 2023

PALMARÉS INTERNACIONAL
⚽ Campeonato de Europa Femenino de la UEFA: subcampeona 2013

ÁREAS DE ACTIVIDAD

 **23**

 NACIONALIDAD
Australiana

CLUB ACTUAL
Canberra United

MICHELLE HEYMAN

En 2024, la prolífica delantera Michelle Heyman fue la primera en marcar 100 goles en la A-League y tuvo un regreso goleador a la selección australiana para ayudarla a clasificarse para las Olimpiadas de París. Puede atravesar las líneas de defensa con movimientos precisos y, además, su altura le da ventaja sobre las zagueras.

F. NACIMIENTO	04/07/1988
POSICIÓN	DELANTERA CENTRO
ESTATURA	1,80 M
DEBUT	2008
PIE PREFERIDO	DERECHO

GOLES
29

PENALTIS MARCADOS
0

APARICIONES
40

ASISTENCIAS
10

TASA DE CONVERSIÓN
22,5%

GOLES IZDA.
6

MINUTOS POR GOL
117

GOLES DCHA.
18

HAT-TRICKS
1

GOLES DE CABEZA
4

TIROS
129

PALMARÉS EN CLUBES
- A-League Premiership: 2012, 2014
- A-League Championship: 2012, 2014

PALMARÉS INTERNACIONAL
- Nada hasta la fecha

ÁREAS DE ACTIVIDAD

LAUREN JAMES

Lauren James, una de las estrellas de la Copa Mundial de 2023, es capaz de hacer goles y asistencias espectaculares. A menudo, juega en posiciones abiertas y se mete para chutar o encontrar un pase con cualquier pie. Una de sus finalizaciones características es rematar el balón bombeado al segundo palo desde lejos.

NACIONALIDAD
Inglesa

CLUB ACTUAL
Chelsea

17

F. NACIMIENTO	29/09/2001
POSICIÓN	DELANTERA
ESTATURA	1,75 M
DEBUT	2017
PIE PREFERIDO	DERECHO

GOLES
21

PENALTIS MARCADOS
0

APARICIONES
50

TASA DE CONVERSIÓN
14,8%

ASISTENCIAS
5

GOLES IZDA.
10

MINUTOS POR GOL
156

GOLES DCHA.
11

HAT-TRICKS
2

GOLES DE CABEZA
0

TIROS
142

PALMARÉS EN CLUBES
⚽ FA Women's Super League: 2022, 2023, 2024
⚽ FA Women's Cup: 2022, 2023

PALMARÉS INTERNACIONAL
⚽ Copa Mundial Femenina de la FIFA: subcampeona 2023
⚽ FIFA Women's Finalissima: 2023

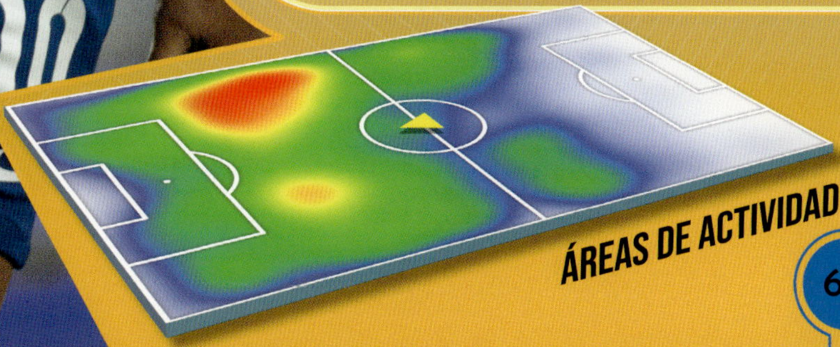

ÁREAS DE ACTIVIDAD

20

NACIONALIDAD
Australiana

CLUB ACTUAL
Chelsea

SAM KERR

¡Sam está considerada como una de las mejores delanteras de la historia desde que debutó cuando era solo una adolescente! Utiliza su velocidad y su sentido de la posición para superar a las defensas y es metódica frente a la portería. Es una rematadora espectacular, famosa por sus voleas, vaselinas y tiros fuertes desde lejos. Una verdadera leyenda del fútbol.

F. NACIMIENTO	10/09/1993
POSICIÓN	DELANTERA CENTRO
ESTATURA	1,68 M
DEBUT	2008
PIE PREFERIDO	DERECHO

GOLES 26
PENALTIS MARCADOS 0
APARICIONES 43
ASISTENCIAS 10
TASA DE CONVERSIÓN 17,1%
MINUTOS POR GOL 129
GOLES IZDA. 4
GOLES DCHA. 15
HAT-TRICKS 2
GOLES DE CABEZA 7
TIROS 152

PALMARÉS EN CLUBES
⚽ Women's Super League: 2020, 2021, 2022, 2023, 2024
⚽ Women's FA Cup: 2021, 2022, 2023 ⚽ UEFA Women's Champions League: subcampeona 2021 ⚽ A-League Championship: 2013 (Sydney FC) ⚽ NWSL Shield: 2013 (Western New York Flash) ⚽ A-League Premiership: 2014 (Perth Glory)

PALMARÉS INTERNACIONAL
⚽ Copa Asiática Femenina de la AFC: 2010

ÁREAS DE ACTIVIDAD

RACHEAL KUNDANANJI

Racheal Kundananji, que se unió al Bay FC con un fichaje récord de 749.000 euros en 2024, es una delantera genial. Tiene mucha seguridad en la posesión y se libra de sus marcadoras para conectar centros y pases. La técnica de Kundananji y su capacidad para elegir el momento perfecto dentro del área significan que solo necesita una pequeña oportunidad para batir a la portera.

NACIONALIDAD
Zambiana

CLUB ACTUAL
Bay FC

F. NACIMIENTO	03/06/2000
POSICIÓN	DELANTERA
ESTATURA	1,70 M
DEBUT	2018
PIE PREFERIDO	DERECHO

GOLES
37

PENALTIS MARCADOS
0

APARICIONES
58

ASISTENCIAS
7

TASA DE CONVERSIÓN
18,2%

MINUTOS POR GOL
122

GOLES IZDA.
14

GOLES DCHA.
20

HAT-TRICKS
2

GOLES DE CABEZA
3

TIROS
203

PALMARÉS EN CLUBES
⚽ FAZ Women Super League: 2018 (Indeni Roses)
⚽ Kazakhstani Championship: 2019, 2020 (todas con BIIK Kazygurt)

PALMARÉS INTERNACIONAL
⚽ Nada hasta la fecha

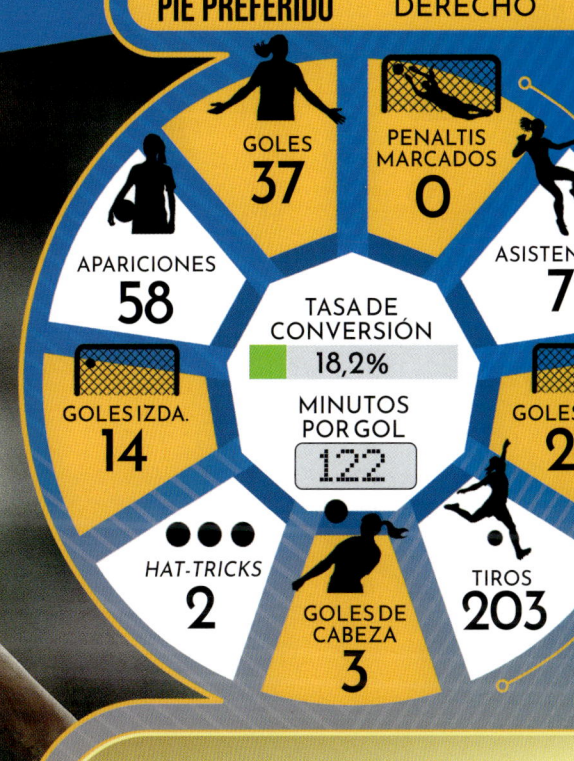

ÁREAS DE ACTIVIDAD

NACIONALIDAD
Francesa

CLUB ACTUAL
Lyon

EUGÉNIE LE SOMMER

Eugénie Le Sommer está en la 17.ª temporada de una carrera prolífica y sigue siendo una fuerza potente frente a la portería. Goleadora de récord con Francia y con el Lyon, es muy difícil de parar cuando corre al área y dispara, coloca o pica el balón a la red. Le Sommer es un icono de este deporte.

F. NACIMIENTO	05/18/1989
POSICIÓN	DELANTERA
ESTATURA	1,61 M
DEBUT	2007
PIE PREFERIDO	DERECHO

GOLES
18

PENALTIS MARCADOS
0

APARICIONES
45

ASISTENCIAS
10

TASA DE CONVERSIÓN
15,7%

MINUTOS POR GOL
145

GOLES IZDA.
8

GOLES DCHA.
7

HAT-TRICKS
0

GOLES DE CABEZA
3

TIROS
115

PALMARÉS EN CLUBES
⚽ Division 1 Féminine: 2011-2020, 2022, 2023, 2024
⚽ UEFA Women's Champions League: 2011, 2012, 2016, 2017, 2018, 2019, 2020, 2022, subcampeona 2024
⚽ Coupe de France Féminine: 2012-2017, 2019, 2020, 2023

PALMARÉS INTERNACIONAL
⚽ SheBelieves Cup: 2017

ÁREAS DE ACTIVIDAD

BETH MEAD

Beth Mead es una jugadora decisiva en su papel preferido por la derecha. Corriendo por detrás de la última defensa, puede hacerse con el balón y girarse para encarar o pasarlo a otras atacantes. Sus 33 goles en sus primeros 56 partidos con Inglaterra justifican su estatus como jugadora de primera clase.

NACIONALIDAD
Inglesa

CLUB ACTUAL
Arsenal

F. NACIMIENTO	09/05/1995
POSICIÓN	DELANTERA
ESTATURA	1,63 M
DEBUT	2011
PIE PREFERIDO	DERECHO

GOLES
13

PENALTIS MARCADOS
0

APARICIONES
29

ASISTENCIAS
9

TASA DE CONVERSIÓN
18,3%

MINUTOS POR GOL
165

GOLES IZDA.
3

GOLES DCHA.
9

HAT-TRICKS
0

GOLES DE CABEZA
1

TIROS
71

PALMARÉS EN CLUBES
⚽ Women's Super League: 2019
⚽ Women's FA League Cup: 2018, 2023, 2024

PALMARÉS INTERNACIONAL
⚽ Campeonato de Europa Femenino de la UEFA: 2022

ÁREAS DE ACTIVIDAD

NACIONALIDAD
Holandesa

CLUB ACTUAL
Manchester City

VIVIANNE MIEDEMA

Haber marcado un récord de 100 goles en solo 110 partidos durante su etapa en el Arsenal pone de manifiesto lo despiadada que es Vivianne Miedema frente a la portería. Alta, con buen físico y tan hábil en el suelo como el aire, la leyenda holandesa tiene todos los trucos y recursos necesarios para hacer daño al equipo rival.

F. NACIMIENTO	15/07/1996
POSICIÓN	DELANTERA CENTRO
ESTATURA	1,77 M
DEBUT	2011
PIE PREFERIDO	DERECHO

GOLES
8

PENALTIS MARCADOS
0

APARICIONES
22

ASISTENCIAS
2

TASA DE CONVERSIÓN
15,4%

MINUTOS POR GOL
131

GOLES IZDA.
1

GOLES DCHA.
5

HAT-TRICKS
0

GOLES DE CABEZA
2

TIROS
52

PALMARÉS EN CLUBES
⚽ Women's Super League: 2019 (Arsenal)
⚽ Frauen Bundesliga: 2015, 2016 (Bayern de Múnich)
⚽ Women's FA League Cup: 2018, 2023, 2024 (Arsenal)

PALMARÉS INTERNACIONAL
⚽ Campeonato de Europa Femenino de la UEFA: 2017
⚽ Copa Mundial Femenina de la FIFA: subcampeona 2019

ÁREAS DE ACTIVIDAD

ALEX MORGAN

Dos veces ganadora de la Copa Mundial Femenina de la FIFA, Alex Morgan brilla cuando lidera la línea de ataque y muestra su confianza a la hora de chutar. Ya sea controlando pases cruzados en el área o corriendo por detrás de las defensas, el deseo de Morgan de meter gol significa que las rivales siempre tienen que marcarla de cerca.

NACIONALIDAD
Estadounidense

CLUB ACTUAL
San Diego Wave

13

F. NACIMIENTO	02/07/1989
POSICIÓN	DELANTERA CENTRO
ESTATURA	1,70 M
DEBUT	2008
PIE PREFERIDO	IZQUIERDO

GOLES
23

PENALTIS MARCADOS
7

ASISTENCIAS
9

APARICIONES
43

TASA DE CONVERSIÓN
16%

MINUTOS POR GOL
158

GOLES IZDA.
17

GOLES DCHA.
4

HAT-TRICKS
1

GOLES DE CABEZA
2

TIROS
143

PALMARÉS EN CLUBES
- NWSL Shield: 2023
- NWSL Championship: 2013 (Portland Thorns)
- UEFA Women's Champions League: 2017 (Lyon)
- Division 1 Féminine: 2017 (Lyon)
- Coupe de France Féminine: 2017 (Lyon)

PALMARÉS INTERNACIONAL
- Copa Mundial Femenina de la FIFA: 2015, 2019
- Juegos Olímpicos: 2012
- Campeonato Femenino de CONCACAF: 2014, 2018, 2022
- Copa Oro W de CONCACAF: 2024

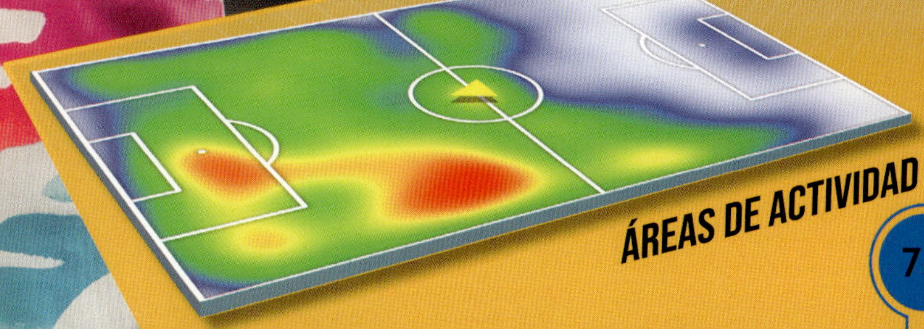

ÁREAS DE ACTIVIDAD

NACIONALIDAD
Polaca

CLUB ACTUAL
Barcelona

EWA PAJOR

Ewa Pajor, la delantera más potente de Polonia, marca goles de cabeza, desde lejos y también con solo empujar el balón con precisión a un gran ritmo. Triunfa en la liga alemana y en las competiciones europeas al superar a las defensas en encontrar espacios para aprovechar su peligroso pie derecho.

F. NACIMIENTO	03/12/1996
POSICIÓN	DELANTERA CENTRO
ESTATURA	1,67 M
DEBUT	2012
PIE PREFERIDO	DERECHO

GOLES **39**

PENALTIS MARCADOS **1**

APARICIONES **49**

ASISTENCIAS **14**

TASA DE CONVERSIÓN **20,4%**

MINUTOS POR GOL **90**

GOLES IZDA. **5**

GOLES DCHA. **26**

HAT-TRICKS **2**

GOLES DE CABEZA **8**

TIROS **191**

PALMARÉS EN CLUBES
⚽ Frauen-Bundesliga: 2017, 2018, 2019, 2020, 2022
⚽ UEFA Women's Champions League: subcampeona* 2016*, 2018*, 2020*, 2023*
⚽ DFB-Pokal Frauen: 2016, 2017, 2018, 2019, 2020, 2021, 2022, 2023, 2024

PALMARÉS INTERNACIONAL
⚽ Nada hasta la fecha

ÁREAS DE ACTIVIDAD

SALMA PARALLUELO

Con solo 19 cuando ganó la Copa Mundial y se hizo con el premio a la mejor jugadora joven del torneo, Salma Paralluelo ha empezado su carrera de forma espectacular. Sus regates increíbles en el área de penalti, sus pases entre la defensa y sus centros la sitúan entre las mejores atacantes del mundo.

NACIONALIDAD
Española

CLUB ACTUAL
Barcelona

7

F. NACIMIENTO	13/01/2003
POSICIÓN	DELANTERA
ESTATURA	1,75 M
DEBUT	2019
PIE PREFERIDO	IZQUIERDO

GOLES
36

PENALTIS MARCADOS
0

APARICIONES
56

ASISTENCIAS
9

TASA DE CONVERSIÓN
22,2%

MINUTOS POR GOL
98

GOLES IZDA.
25

GOLES DCHA.
8

HAT-TRICKS
2

GOLES DE CABEZA
3

TIROS
162

PALMARÉS EN CLUBES
⚽ Liga F: 2023, 2024
⚽ UEFA Women's Champions League: 2023, 2024
⚽ Copa de la Reina: 2024

PALMARÉS INTERNACIONAL
⚽ Copa Mundial Femenina de la FIFA: 2023
⚽ UEFA Women's Nations League: 2024

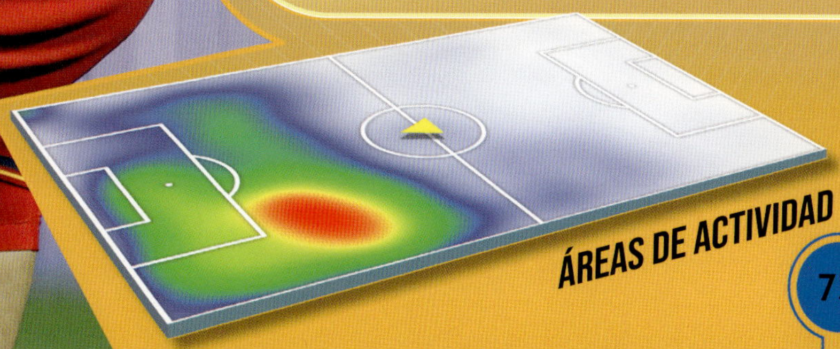

ÁREAS DE ACTIVIDAD

11

CLUB ACTUAL
VfL Wolfsburg

ALEXANDRA POPP

Alexandra Popp tiene uno de los tiros con el pie izquierdo más refinados del fútbol europeo. Líder natural en su club y su selección, su pasión y su capacidad de ataque van acompañadas en el campo de habilidad y creatividad. Popp puede atravesar cualquier defensa y superar a la portera sin perder la calma.

F. NACIMIENTO	06/04/1991
POSICIÓN	DELANTERA CENTRO
ESTATURA	1,74 M
DEBUT	2007
PIE PREFERIDO	IZQUIERDO

GOLES
26

PENALTIS MARCADOS
0

APARICIONES
50

ASISTENCIAS
15

TASA DE CONVERSIÓN
17,2%

MINUTOS POR GOL
136

GOLES IZDA.
12

GOLES DCHA.
1

HAT-TRICKS
0

GOLES DE CABEZA
13

TIROS
151

PALMARÉS EN CLUBES
⚽ Frauen-Bundesliga: 2013, 2014, 2017, 2018, 2019, 2020, 2022
⚽ UEFA Women's Champions League: 2009 (Duisburg), 2013*, 2014* (*VfL Wolfsburg)
⚽ DFB-Pokal Frauen: 2009*, 2010* (*Duisburg), 2013, 2015-2023

PALMARÉS INTERNACIONAL
⚽ Juegos Olímpicos: 2016
⚽ Campeonato de Europa Femenino de la UEFA: subcampeona 2022

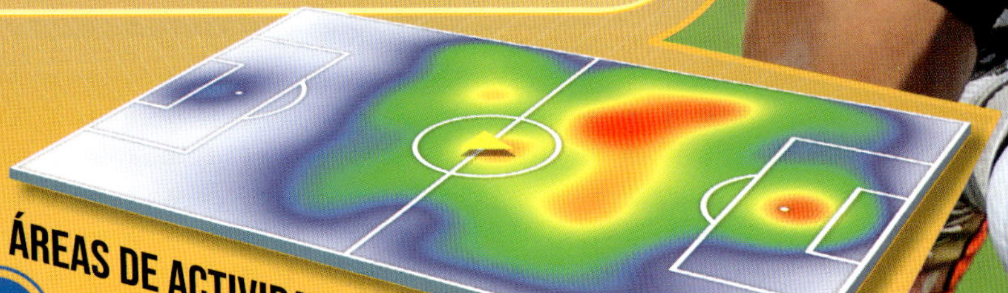

ÁREAS DE ACTIVIDAD

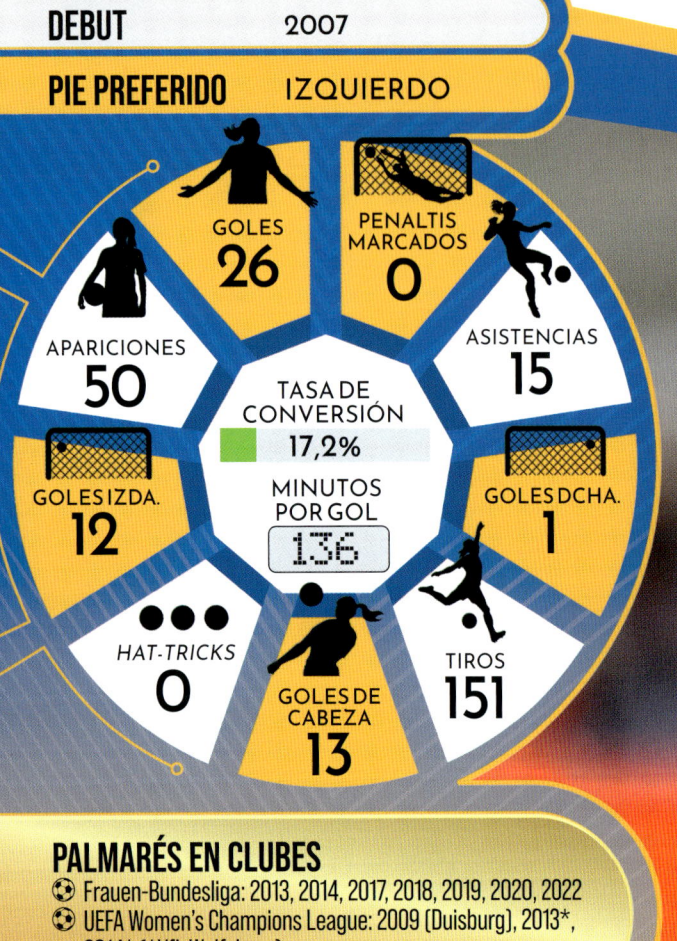

FRIDOLINA ROLFÖ

Esta delantera zurda realiza carreras rápidas por la banda y sabe cuándo centrar al área o chutar desde lejos. Fridolina Rolfö tiene un buen juego aéreo en los saques de falta o de esquina, superando a su marcadora y mandando un cabezazo al fondo de la portería.

NACIONALIDAD
Sueca

CLUB ACTUAL
Barcelona

16

F. NACIMIENTO	24/11/1993
POSICIÓN	DELANTERA
ESTATURA	1,79 M
DEBUT	2008
PIE PREFERIDO	IZQUIERDO

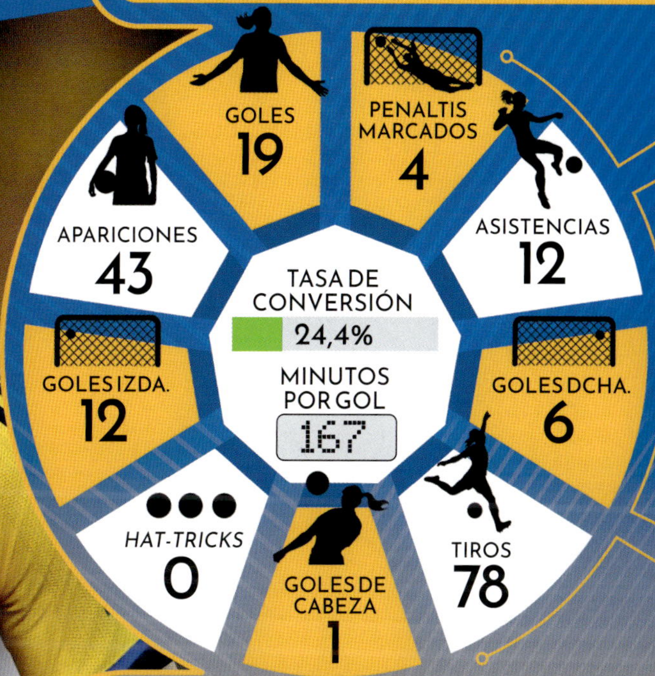

GOLES
19

PENALTIS MARCADOS
4

APARICIONES
43

ASISTENCIAS
12

TASA DE CONVERSIÓN
24,4%

MINUTOS POR GOL
167

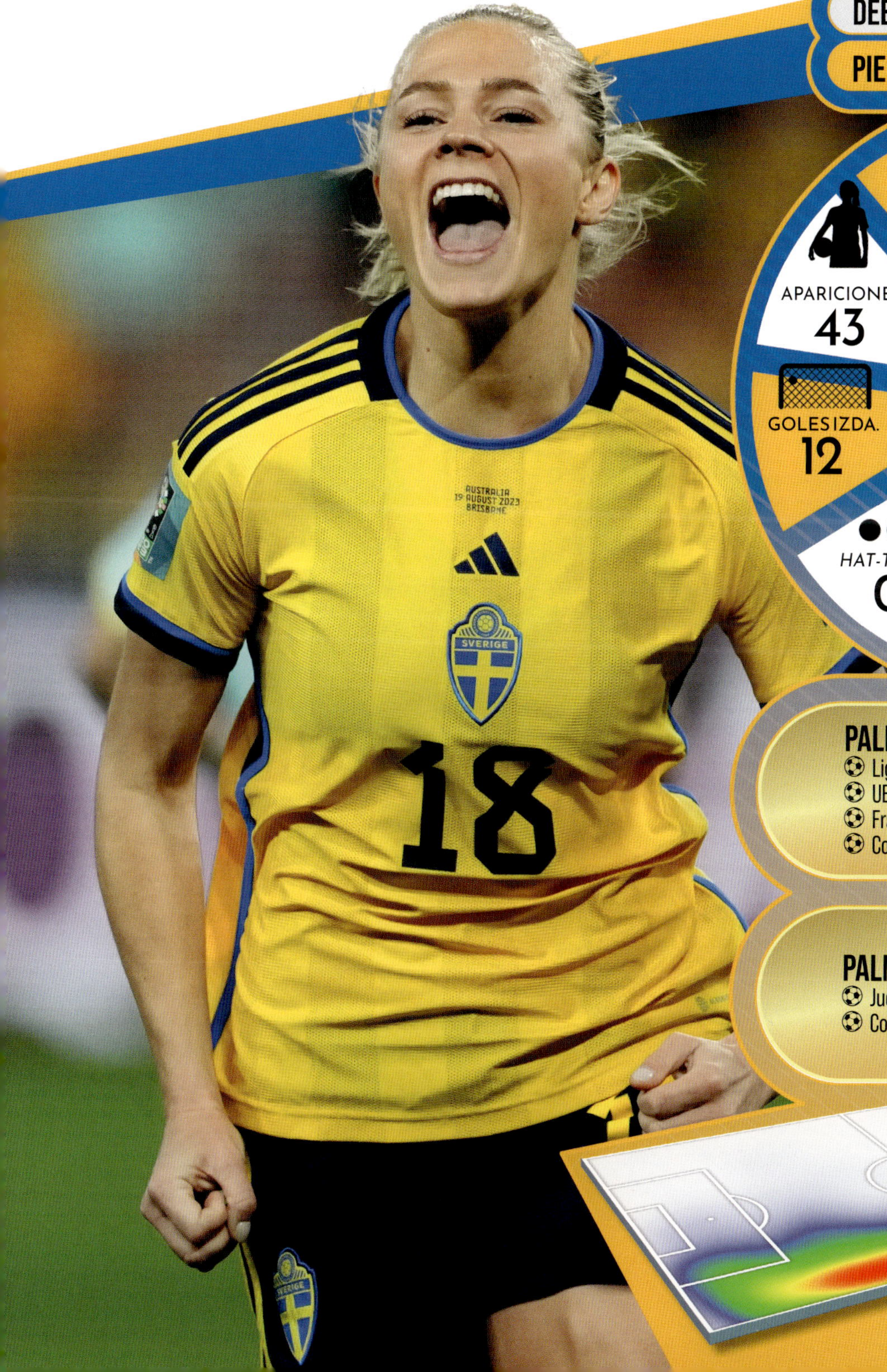

GOLES IZDA.
12

GOLES DCHA.
6

HAT-TRICKS
0

GOLES DE CABEZA
1

TIROS
78

PALMARÉS EN CLUBES
⚽ Liga F: 2022, 2023, 2024
⚽ UEFA Women's Champions League: 2023
⚽ Frauen Bundesliga: 2020 (VfL Wolfsburg)
⚽ Copa de la Reina: 2022, 2024

PALMARÉS INTERNACIONAL
⚽ Juegos Olímpicos: subcampeona 2016, 2020 (2021)
⚽ Copa Mundial Femenina de la FIFA: tercer puesto 2019, 2023

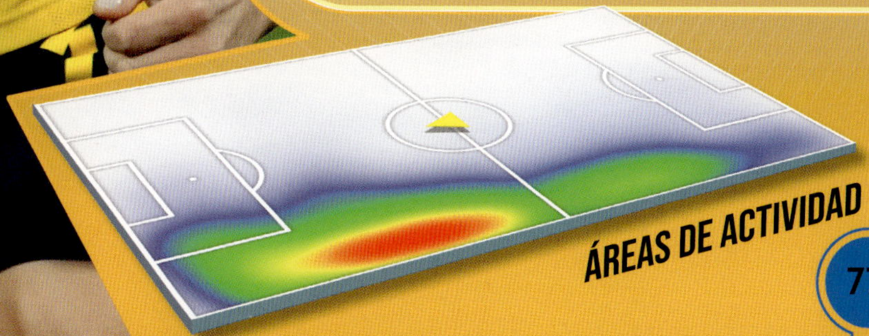

ÁREAS DE ACTIVIDAD

23

NACIONALIDAD
Inglesa

CLUB ACTUAL
Arsenal

ALESSIA RUSSO

El papel principal de Alessia Russo es marcar goles, pero su habilidad y su visión la convierten en mucho más que una finalizadora. Puede cooperar en áreas más profundas para lograr la posesión y, después, tira con efectividad. Cuidado con sus giros rápidos que desconciertan a las defensas y sirven para batir a las porteras.

F. NACIMIENTO	08/02/1999
POSICIÓN	DELANTERA CENTRO
ESTATURA	1,73 M
DEBUT	2016
PIE PREFERIDO	DERECHO

GOLES 22

PENALTIS MARCADOS 1

ASISTENCIAS 5

APARICIONES 42

TASA DE CONVERSIÓN 14,6 %

MINUTOS POR GOL 150

GOLES IZDA. 2

GOLES DCHA. 16

HAT-TRICKS 1

GOLES DE CABEZA 4

TIROS 151

PALMARÉS EN CLUBES
⚽ FA Women's League Cup: 2024

PALMARÉS INTERNACIONAL
⚽ Campeonato de Europa Femenino de la UEFA: 2022
⚽ UEFA Women's Finalissima: 2023
⚽ Copa Mundial Femenina de la FIFA: subcampeona 2023

ÁREAS DE ACTIVIDAD

LEA SCHÜLLER

Lea Schüller disfruta de la responsabilidad de ser una delantera *top* utilizando su fuerza y sus habilidades de contención para ganar impulso en el ataque. Los movimientos inteligentes de Schüller le ayudan a encontrar espacios pequeños en el área rival, y está lista para saltar por encima de las defensas y rematar de cabeza.

NACIONALIDAD
Alemana

CLUB ACTUAL
Bayern de Múnich

11

F. NACIMIENTO	12/11/1997
POSICIÓN	DELANTERA
ESTATURA	1,73 M
DEBUT	2013
PIE PREFERIDO	DERECHO

GOLES **30**

PENALTIS MARCADOS **0**

APARICIONES **56**

ASISTENCIAS **9**

TASA DE CONVERSIÓN **18,9%**

MINUTOS POR GOL **130**

GOLES IZDA. **4**

GOLES DCHA. **14**

HAT-TRICKS **0**

GOLES DE CABEZA **12**

TIROS **159**

PALMARÉS EN CLUBES
⚽ Frauen-Bundesliga: 2021, 2023, 2024

PALMARÉS INTERNACIONAL
⚽ Campeonato de Europa Femenino de la UEFA: subcampeona 2022

ÁREAS DE ACTIVIDAD

11

NACIONALIDAD
Estadounidense

CLUB ACTUAL
San Diego Wave

JAEDYN SHAW

Con siete goles en sus primeros 12 partidos con la selección de EE. UU., la joven Jaedyn Shaw ya brilla en la élite. Versátil, atlética y creativa, Shaw es una gran jugadora de equipo que puede evaluar sus opciones con rapidez al acercarse al área. Es difícil defender contra ella, sobre todo cuando tiene el ojo puesto en la portería.

F. NACIMIENTO	20/11/2004
POSICIÓN	DELANTERA
ESTATURA	1,67 M
DEBUT	2022
PIE PREFERIDO	DERECHO

GOLES
11

PENALTIS MARCADOS
1

APARICIONES
39

ASISTENCIAS
4

TASA DE CONVERSIÓN
16,2%

GOLES IZDA.
3

MINUTOS POR GOL
227

GOLES DCHA.
6

HAT-TRICKS
0

GOLES DE CABEZA
2

TIROS
68

PALMARÉS EN CLUBES
⚽ NWSL Shield: 2023

PALMARÉS INTERNACIONAL
⚽ Copa Oro W de CONCACAF: 2024

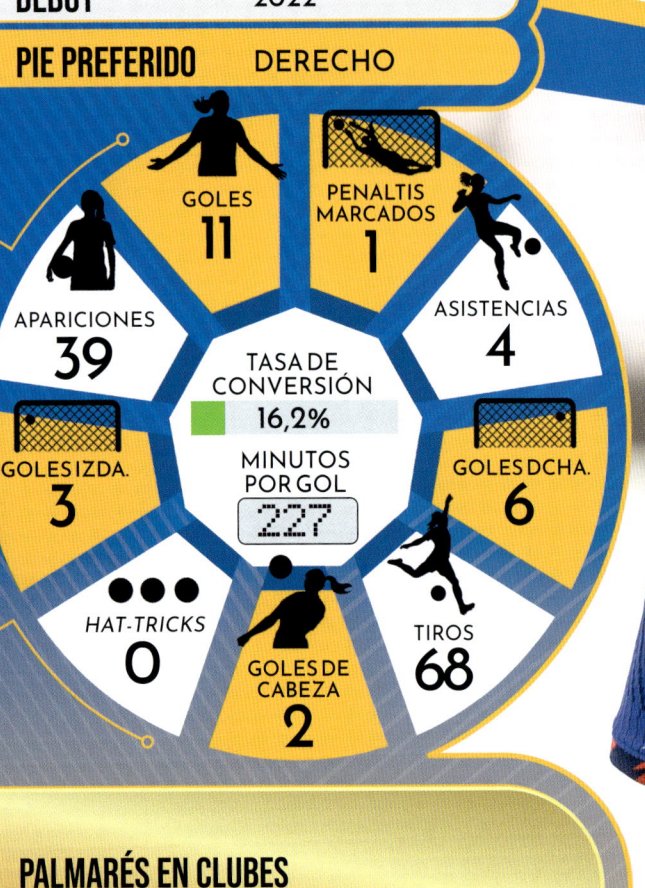

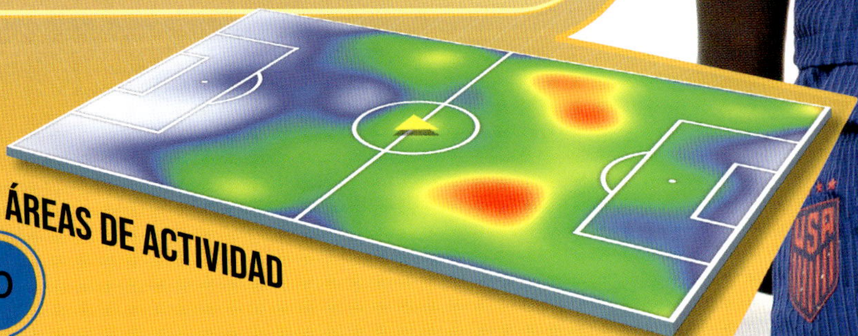

ÁREAS DE ACTIVIDAD

KHADIJA SHAW

En 2024, Khadija Shaw marcó su 68.º gol en solo 82 partidos con el Manchester City y se convirtió en la mayor goleadora de la historia del club. Su velocidad y su fuerza la convierten en una amenaza en el área y sus alrededores, y su potencia es difícil de contener. Además, Shaw solo necesita un echar un vistazo breve a la portería para chutar.

NACIONALIDAD
Jamaicana

CLUB ACTUAL
Manchester City

21

F. NACIMIENTO	31/01/1997
POSICIÓN	DELANTERA CENTRO
ESTATURA	1,80 M
DEBUT	2018
PIE PREFERIDO	DERECHO

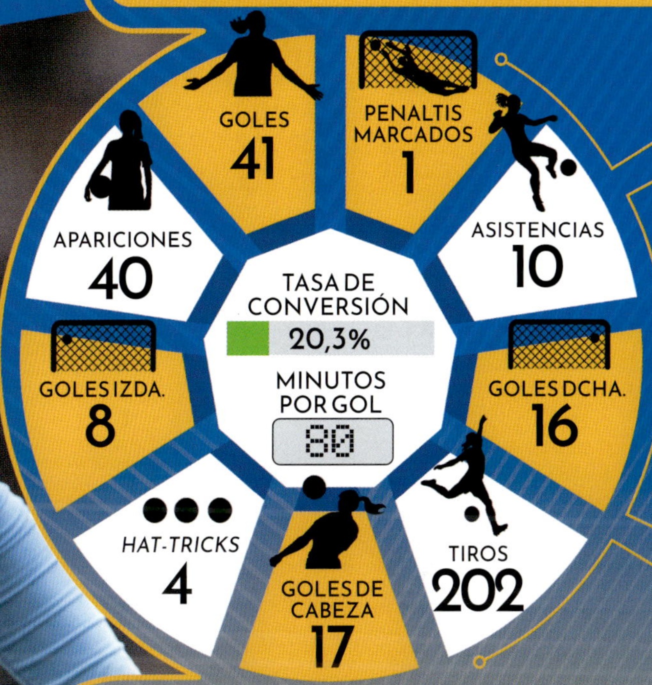

GOLES
41

PENALTIS MARCADOS
1

APARICIONES
40

ASISTENCIAS
10

TASA DE CONVERSIÓN
20,3%

GOLES IZDA.
8

MINUTOS POR GOL
80

GOLES DCHA.
16

HAT-TRICKS
4

GOLES DE CABEZA
17

TIROS
202

PALMARÉS EN CLUBES
⚽ Women's League Cup: 2022
⚽ Women's FA Cup: subcampeona 2022

PALMARÉS INTERNACIONAL
⚽ Campeonato Femenino de CONCACAF: tercer puesto 2018, 2022

ÁREAS DE ACTIVIDAD

NACIONALIDAD
Estadounidense

CLUB ACTUAL
Portland Thorns

SOPHIA SMITH

Sophia Smith, que ya ha recibido el premio a la jugadora más valiosa de la NWSL, es una goleadora de élite que cada vez mejora más. Mantiene el control del balón con su increíble pie derecho, tiene un ritmo explosivo para colocarse en posiciones óptimas y la potencia y la precisión de tiro para poner a prueba a cualquier portera.

F. NACIMIENTO	10/08/2000
POSICIÓN	DELANTERA
ESTATURA	1,68 M
DEBUT	2020
PIE PREFERIDO	DERECHO

GOLES
34

PENALTIS MARCADOS
5

APARICIONES
48

ASISTENCIAS
14

TASA DE CONVERSIÓN
14,7%

MINUTOS POR GOL
112

GOLES IZDA.
13

GOLES DCHA.
21

HAT-TRICKS
2

GOLES DE CABEZA
0

TIROS
232

PALMARÉS EN CLUBES
⚽ NWSL Championship: 2022
⚽ NWSL Challenge Cup: 2021

PALMARÉS INTERNACIONAL
⚽ Campeonato Femenino de CONCACAF: 2022
⚽ Copa Oro W de CONCACAF: 2024

ÁREAS DE ACTIVIDAD

HANNAH WILKINSON

Hannah Wilkinson ha marcado más de 30 goles con Nueva Zelanda en una carrera estelar en la que su tasa de trabajo y su liderazgo la han convertido en una delantera temible. La estatura de Wilkinson y su habilidad para los cabezazos dan a su equipo una gran ventaja, mientras que su esfuerzo fuera del área iguala a su inteligencia dentro de ella.

NACIONALIDAD
Neozelandesa

CLUB ACTUAL
Melbourne City

17

F. NACIMIENTO	28/05/1992
POSICIÓN	DELANTERA CENTRO
ESTATURA	1,76 M
DEBUT	2017
PIE PREFERIDO	DERECHO

GOLES
16

PENALTIS MARCADOS
0

APARICIONES
37

ASISTENCIAS
3

TASA DE CONVERSIÓN
16,8%

GOLES IZDA.
5

MINUTOS POR GOL
192

GOLES DCHA.
7

HAT-TRICKS
0

GOLES DE CABEZA
4

TIROS
95

PALMARÉS EN CLUBES
⚽ Nada hasta la fecha

PALMARÉS INTERNACIONAL
⚽ Nada hasta la fecha

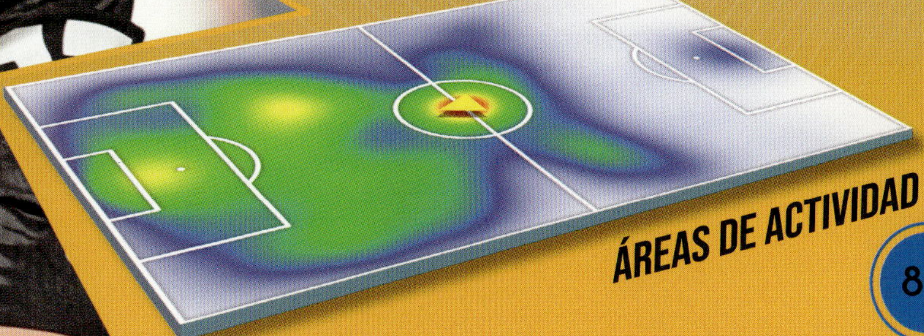

ÁREAS DE ACTIVIDAD

PORTERAS

Aunque las delanteras ganan partidos, las porteras también juegan un papel enorme para ayudar a su equipo a proteger una victoria. Como última línea de defensa, sus acrobacias y reflejos cuando se enfrentan a un tiro a puerta pueden ser la diferencia entre ganar y perder. Una portera de éxito utiliza todas sus capacidades para controlar el área de penalti y, además de hacer paradas ágiles y valientes, necesita tener buena técnica para poner el balón en juego con los pies o las manos. No hay ninguna otra posición en el campo a la que se exija o se presione tanto como a la portera.

¿QUÉ SIGNIFICAN ESTAS ESTADÍSTICAS?

BALONES ATRAPADOS

Es el número de veces que la portera ha detenido un ataque, normalmente un centro, cogiendo el balón.

PORTERÍA A CERO

Cualquier ocasión en la que la portera no haya encajado ningún gol durante todo el partido cuenta como portería a cero.

GOLES ENCAJADOS

Es el número de goles que ha encajado la portera en dos temporadas en el fútbol de primer nivel.

PENALTIS ENCARADOS/ PARADOS

Es el número de veces que una portera ha encarado un penalti (excluyendo las tandas) y el éxito que ha tenido parándolos.

DESPEJES DE PUÑOS

Es una medida de la frecuencia con la que la portera se ha enfrentado a un balón peligroso (normalmente un centro) despejando con el puño.

PARADAS

Muestra el número de veces que la portera ha detenido un tiro o cabezazo que iba a puerta.

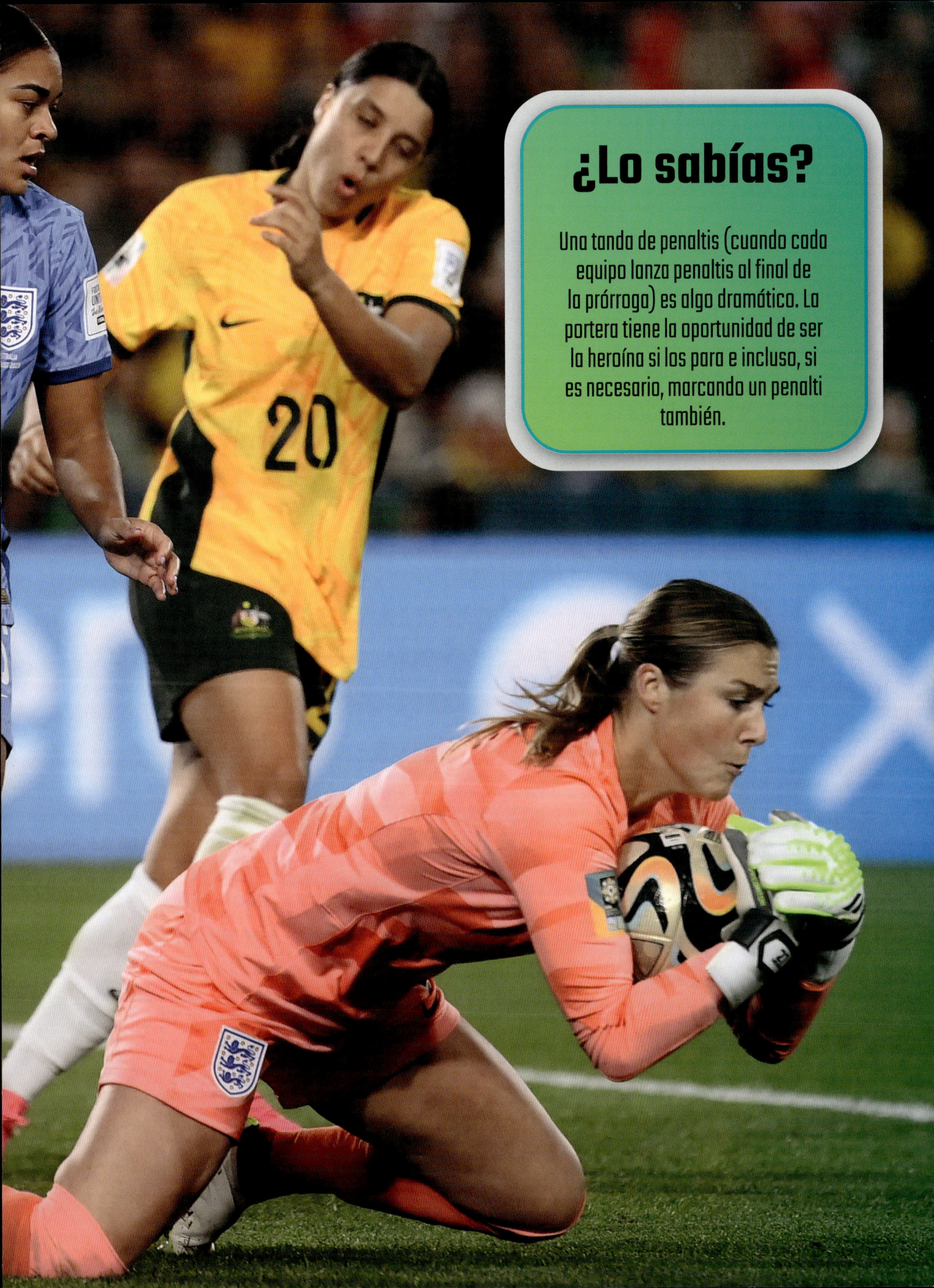

¿Lo sabías?

Una tanda de penaltis (cuando cada equipo lanza penaltis al final de la prórroga) es algo dramático. La portera tiene la oportunidad de ser la heroína si los para e incluso, si es necesario, marcando un penalti también.

NACIONALIDAD
Australiana

CLUB ACTUAL
West Ham

MACKENZIE ARNOLD

Las cuatro veces que Mackenzie Arnold mantuvo la portería a cero en la Copa Mundial de 2023 demuestran su buen rendimiento en los partidos importantes. Segura al atrapar y despejar de puños, también es buena parando penaltis; detuvo tres en los cuartos de final para vencer a Francia en la Copa Mundial de 2023 en Australia.

F. NACIMIENTO	25/02/1994
POSICIÓN	PORTERA
ESTATURA	1,81 M
DEBUT	2011
PIE PREFERIDO	DERECHO

GOLES ENCAJADOS
75

APARICIONES
39

PENALTIS PARADOS
3

PORTERÍAS A CERO
7

PARADAS
147

PENALTIS ENCARADOS
5

BALONES ATRAPADOS
35

DESPEJES DE PUÑOS
35

PALMARÉS EN CLUBES
⚽ A-League Premiership: 2014 (Perth Glory), 2018 (Brisbane Roar)

PALMARÉS INTERNACIONAL
⚽ Copa Mundial Femenina de la FIFA: cuarto puesto 2023

ÁREAS DE ACTIVIDAD

ANN-KATRIN BERGER

La alta Ann-Katrin Berger controla su área de manera excelente y se comunica con mucha efectividad con su defensa. Además de sus potentes saques de puerta, uno de sus puntos fuertes más notables es su concentración, que le permite hacer paradas rápidas cuando se encuentra de pronto con un tiro inesperado.

NACIONALIDAD
Alemana

CLUB ACTUAL
NJ/NY Gotham FC

30

F. NACIMIENTO	09/10/1990
POSICIÓN	PORTERA
ESTATURA	1,80 M
DEBUT	2009
PIE PREFERIDO	DERECHO

GOLES ENCAJADOS
28

APARICIONES
35

PENALTIS PARADOS
0

PORTERÍAS A CERO
16

PARADAS
92

PENALTIS ENCARADOS
3

BALONES ATRAPADOS
34

DESPEJES DE PUÑOS
18

PALMARÉS EN CLUBES
⚽ Women's Super League: 2020, 2021, 2022, 2023, 2024 (todas con Chelsea) ⚽ UEFA Women's Champions League: subcampeona 2021 (Chelsea) ⚽ Women's FA Cup: 2021, 2022, 2023 (todas con Chelsea) ⚽ Frauen-Bundesliga: 2012

PALMARÉS INTERNACIONAL
⚽ Campeonato de Europa Femenino de la UEFA: subcampeona 2022

ÁREAS DE ACTIVIDAD

NACIONALIDAD
Estadounidense

CLUB ACTUAL
Houston Dash

JANE CAMPBELL

Guardameta muy constante, Jane Campbell fue elegida mejor portera del año en la NWSL en 2023. Siempre está alerta en el área y es decisiva en sus salidas para atajar cualquier peligro. También muestra seguridad frente a los centros, elevándose por encima de las rivales para atrapar el balón.

1

F. NACIMIENTO	17/02/1995
POSICIÓN	PORTERA
ESTATURA	1,75 M
DEBUT	2017
PIE PREFERIDO	DERECHO

GOLES ENCAJADOS
64

APARICIONES
55

PENALTIS PARADOS
0

PARADAS
202

PORTERÍAS A CERO
18

PENALTIS ENCARADOS
8

DESPEJES DE PUÑOS
20

BALONES ATRAPADOS
46

PALMARÉS EN CLUBES
⚽ NWSL Challenge Cup: 2020

PALMARÉS INTERNACIONAL
⚽ Copa Oro W de CONCACAF: 2024
⚽ Juegos Olímpicos: tercer puesto 2020 (2021)

ÁREAS DE ACTIVIDAD

CATALINA COLL

Catalina Coll debutó con España en la Copa Mundial de 2023. Su talento y sus magníficos reflejos quedaron de manifiesto desde los octavos de final y mantuvo su puesto hasta la final. Su estilo es jugar desde atrás y hacer pases perfectos para superar la presión de las rivales y que su equipo inicie el ataque.

NACIONALIDAD
Española

CLUB ACTUAL
Barcelona

13

F. NACIMIENTO	23/04/2001
POSICIÓN	PORTERA
ESTATURA	1,70 M
DEBUT	2015
PIE PREFERIDO	DERECHO

GOLES ENCAJADOS
6

APARICIONES
25

PENALTIS PARADOS
0

PORTERÍAS A CERO
18

PARADAS
24

PENALTIS ENCARADOS
1

DESPEJES DE PUÑOS
4

BALONES ATRAPADOS
4

PALMARÉS EN CLUBES
⚽ Liga F: 2021, 2022, 2023, 2024
⚽ UEFA Women's Champions League: 2021, 2023
⚽ Copa de la Reina: 2021, 2022, 2024

PALMARÉS INTERNACIONAL
⚽ Copa Mundial Femenina de la FIFA: 2023
⚽ UEFA Women's Nations League: 2024

ÁREAS DE ACTIVIDAD

27

NACIONALIDAD
Inglesa

CLUB ACTUAL
Paris Saint-Germain

MARY EARPS

Gracias a su brillantez técnica, Mary Earps hace que las paradas difíciles parezcan fáciles. También atrapa y despeja de puños bien y transmite esa confianza a las defensas. Earps, primera portera en conseguir mantener la portería a cero 50 veces en la WSL, es también la guardameta número uno de Inglaterra desde 2021.

F. NACIMIENTO	07/03/1993
POSICIÓN	PORTERA
ESTATURA	1,73 M
DEBUT	2009
PIE PREFERIDO	DERECHO

GOLES ENCAJADOS
44

APARICIONES
44

PENALTIS PARADOS
0

PORTERÍAS A CERO
21

PARADAS
106

PENALTIS ENCARADOS
2

BALONES ATRAPADOS
17

DESPEJES DE PUÑOS
24

PALMARÉS EN CLUBES
⚽ Women's FA Cup: 2024 (Manchester United)
⚽ Frauen-Bundesliga: 2019 (VfL Wolfsburg)
⚽ DFB-Pokal Frauen: 2019 (VfL Wolfsburg)

PALMARÉS INTERNACIONAL
⚽ Campeonato de Europa Femenino de la UEFA: 2022
⚽ Copa Mundial Femenina de la FIFA: subcampeona 2023
⚽ Women's Finalissima: 2023

ÁREAS DE ACTIVIDAD

CHRISTIANE ENDLER

Los saltos acrobáticos para los balones altos y los reflejos rápidos para bloquear tiros bajos hacen a Christiane Endler muy difícil de batir. Su constitución alta y atlética le da una gran ventaja en los uno contra uno, y su reputación como portera de primer nivel es muy evidente.

NACIONALIDAD
Chilena

CLUB ACTUAL
Lyon

F. NACIMIENTO	23/07/1991
POSICIÓN	PORTERA
ESTATURA	1,82 M
DEBUT	2008
PIE PREFERIDO	IZQUIERDO

GOLES ENCAJADOS
35

APARICIONES
55

PORTERÍAS A CERO
28

PENALTIS PARADOS
2

PARADAS
105

BALONES ATRAPADOS
25

PENALTIS ENCARADOS
4

DESPEJES DE PUÑOS
6

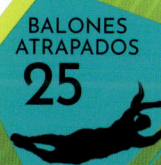

PALMARÉS EN CLUBES
⚽ Division 1 Féminine: 2021 (PSG), 2022, 2023, 2024
⚽ UEFA Women's Champions League: 2022, subcampeona 2024
⚽ Coupe de France Féminine: 2018 (PSG), 2023

PALMARÉS INTERNACIONAL
⚽ Copa América Femenina: subcampeona 2018
⚽ Juegos Panamericanos: medalla de plata 2023

ÁREAS DE ACTIVIDAD

CLUB ACTUAL
VfL Wolfsburg

MERLE FROHMS

Merle Frohms, que disfruta de la batalla por mantener su puesto en su club y su selección, nunca baja su rendimiento. Agresiva pero tranquila con sus habilidades para manejar el balón y capaz de hacer pases tan buenos como una centrocampista refinada, ofrece el pack completo bajo los palos.

F. NACIMIENTO	28/01/1995
POSICIÓN	PORTERA
ESTATURA	1,75 M
DEBUT	2012
PIE PREFERIDO	DERECHO

GOLES ENCAJADOS
44

APARICIONES
51

PENALTIS PARADOS
0

PORTERÍAS A CERO
23

PARADAS
104

PENALTIS ENCARADOS
4

BALONES ATRAPADOS
9

DESPEJES DE PUÑOS
21

PALMARÉS EN CLUBES
- Frauen-Bundesliga: 2013, 2014, 2017, 2018
- UEFA Women's Champions League: 2013, 2014
- DFB-Pokal Frauen: 2013, 2015, 2016, 2017, 2018

PALMARÉS INTERNACIONAL
- Campeonato de Europa Femenino de la UEFA: subcampeona 2022

ÁREAS DE ACTIVIDAD

MARIA LUISA GROHS

Portera de primera clase con una inteligencia posicional acorde, Maria Luisa Grohs está destinada a ser una portera heroína en próximas temporadas. Trabaja duro para mejorar año tras año, sobre todo en lo que respecta a su forma física, su habilidad para golpear el balón con el pie y su valor en el campo.

NACIONALIDAD
Alemana

CLUB ACTUAL
Bayern de Múnich

22

F. NACIMIENTO	13/06/2001
POSICIÓN	PORTERA
ESTATURA	1,80 M
DEBUT	2019
PIE PREFERIDO	DERECHO

GOLES ENCAJADOS
32

APARICIONES
56

PENALTIS PARADOS
2

PORTERÍAS A CERO
33

PARADAS
114

PENALTIS ENCARADOS
4

BALONES ATRAPADOS
33

DESPEJES DE PUÑOS
12

PALMARÉS EN CLUBES
⚽ Frauen-Bundesliga: 2021, 2023, 2024

PALMARÉS INTERNACIONAL
⚽ Nada hasta la fecha

ÁREAS DE ACTIVIDAD

25

NACIONALIDAD
Sueca

CLUB ACTUAL
Levante

EMMA HOLMGREN

Emma Holmgren está volando desde que se unió al Levante en 2023. Parte integral del juego paciente que construye su equipo, si las rivales superan a la defensa, puede hacer paradas y bloqueos impresionantes. Tiene una gran fortaleza mental y dirige a las defensas con seguridad.

F. NACIMIENTO	13/05/1997
POSICIÓN	PORTERA
ESTATURA	1,71 M
DEBUT	2011
PIE PREFERIDO	DERECHO

GOLES ENCAJADOS
8

APARICIONES
17

PENALTIS PARADOS
0

PARADAS
48

PORTERÍAS A CERO
9

PENALTIS ENCARADOS
0

BALONES ATRAPADOS
6

DESPEJES DE PUÑOS
7

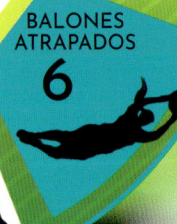

PALMARÉS EN CLUBES
⚽ Division 1 Féminine: 2022, 2023 (Lyon)
⚽ UEFA Women's Champions League: 2022
⚽ Coupe de France Féminine: 2023 (Lyon)

PALMARÉS INTERNACIONAL
⚽ Nada hasta la fecha

ÁREAS DE ACTIVIDAD

KHIARA KEATING

La mayoría de los entrenadores son reacios a incluir a las porteras más talentosas en el primer equipo hasta que tienen más de veinte años. Sin embargo, Khiara Keating triunfó en la temporada 2023/24 con solo 19 años. Sus patadas al balón son potentes, es buena cerrando ángulos y valiente con los bloqueos y las paradas; está llamada a ser una gran estrella.

NACIONALIDAD
Inglesa

CLUB ACTUAL
Manchester City

35

F. NACIMIENTO	27/06/2004
POSICIÓN	PORTERA
ESTATURA	1,67 M
DEBUT	2020
PIE PREFERIDO	DERECHO

GOLES ENCAJADOS
20

APARICIONES
25

PENALTIS PARADOS
1

PORTERÍAS A CERO
9

PARADAS
67

PENALTIS ENCARADOS
2

BALONES ATRAPADOS
15

DESPEJES DE PUÑOS
4

PALMARÉS EN CLUBES
⚽ Women's FA League Cup: 2022

PALMARÉS INTERNACIONAL
⚽ Nada hasta la fecha

ÁREAS DE ACTIVIDAD

NACIONALIDAD
Estadounidense

CLUB ACTUAL
North Carolina Courage

CASEY MURPHY

Casey Murphy ya ha dejado huella en el escenario mundial al mantener la portería a cero 14 veces, una cifra formidable, en sus primeros 18 partidos internacionales con la selección absoluta. Portera alta, tiene la envergadura y las muñecas adecuadas para despejar el balón y sobrepasar a las rivales al detener centros.

F. NACIMIENTO	25/04/1996
POSICIÓN	PORTERA
ESTATURA	1,85 M
DEBUT	2018
PIE PREFERIDO	DERECHO

GOLES ENCAJADOS
63

APARICIONES
50

PENALTIS PARADOS
0

PARADAS
137

PORTERÍAS A CERO
19

PENALTIS ENCARADOS
5

DESPEJES DE PUÑOS
24

BALONES ATRAPADOS
28

PALMARÉS EN CLUBES
⚽ NWSL Challenge Cup: 2022, 2023

PALMARÉS INTERNACIONAL
⚽ Campeonato Femenino de CONCACAF: 2022
⚽ Copa Oro W de CONCACAF: 2024

ÁREAS DE ACTIVIDAD

ZEĆIRA MUŠOVIĆ

Se está convirtiendo con rapidez en una portera de primer nivel en el Chelsea, ya que tiene que luchar por el puesto con las otras guardametas. Es muy buena deteniendo los chutes, capaz de saltar a las escuadras o estirarse en el suelo para parar tiros largos. También es conocida por su distribución rápida y precisa.

NACIONALIDAD
Sueca

CLUB ACTUAL
Chelsea

F. NACIMIENTO	26/05/1996
POSICIÓN	PORTERA
ESTATURA	1,80 M
DEBUT	2011
PIE PREFERIDO	DERECHO

GOLES ENCAJADOS
11

APARICIONES
21

PENALTIS PARADOS
0

PORTERÍAS A CERO
12

PARADAS
51

PENALTIS ENCARADOS
3

BALONES ATRAPADOS
11

DESPEJES DE PUÑOS
5

PALMARÉS EN CLUBES
⚽ Women's Super League: 2021, 2022, 2023, 2024
⚽ Women's FA Cup: 2022, 2023
⚽ Damallsvenskan: 2013, 2014, 2015 (todas con FC Rosengard)

PALMARÉS INTERNACIONAL
⚽ Copa Mundial Femenina de la FIFA: tercer puesto 2019, 2023
⚽ Juegos Olímpicos: subcampeona 2020 (2021)

ÁREAS DE ACTIVIDAD

97

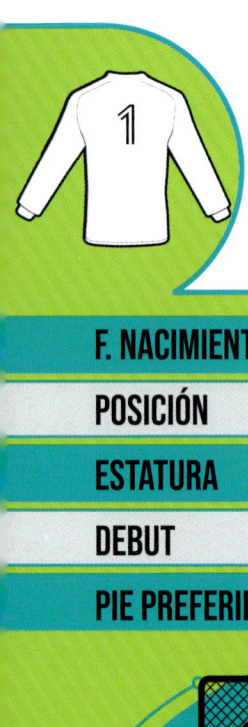

1

NACIONALIDAD
Estadounidense

CLUB ACTUAL
Chicago Red Stars

ALYSSA NAEHER

Alyssa Naeher, doble campeona de la Copa Mundial, es alabada por su presencia serena y sosegada en la portería. Es una líder natural, es efectiva en la organización y da órdenes mientras se centra en la victoria. Su condición física, su técnica en las paradas y el alcance de sus pases son admirables.

F. NACIMIENTO	20/04/1988
POSICIÓN	PORTERA
ESTATURA	1,75 M
DEBUT	2008
PIE PREFERIDO	DERECHO

GOLES ENCAJADOS
85

APARICIONES
49

PENALTIS PARADOS
1

PORTERÍAS A CERO
11

PARADAS
159

PENALTIS ENCARADOS
9

BALONES ATRAPADOS
22

DESPEJES DE PUÑOS
21

PALMARÉS EN CLUBES
⚽ Nada hasta la fecha

PALMARÉS INTERNACIONAL
⚽ Copa Mundial Femenina de la FIFA: 2015, 2019
⚽ Campeonato Femenino de CONCACAF: 2018, 2022
⚽ Copa Oro W de CONCACAF: 2024

ÁREAS DE ACTIVIDAD

CHIAMAKA NNADOZIE

Los entrenadores de Chiamaka Nnadozie alaban su consistencia y su impacto como portera en los escenarios más importantes. Nunca tiene miedo de salir y cortar el balón o de saltar más que las rivales para atraparlo; sigue siendo la principal portera de África y es una jugadora muy fiable.

NACIONALIDAD
Nigeriana

CLUB ACTUAL
Paris FC

16

F. NACIMIENTO	08/12/2000
POSICIÓN	PORTERA
ESTATURA	1,80 M
DEBUT	2016
PIE PREFERIDO	DERECHO

GOLES ENCAJADOS
52

APARICIONES
47

PENALTIS PARADOS
4

PORTERÍAS A CERO
18

PARADAS
128

PENALTIS ENCARADOS
9

BALONES ATRAPADOS
40

DESPEJES DE PUÑOS
22

PALMARÉS EN CLUBES
⚽ Nigerian Women's Championship: 2016 (Rivers Angels)
⚽ Nigerian Women's Cup: 2016, 2017, 2018 (todas con Rivers Angels)

PALMARÉS INTERNACIONAL
⚽ Copa Africana de Naciones Femenina: 2018
⚽ Juegos Africanos: 2019

ÁREAS DE ACTIVIDAD

99

1

NACIONALIDAD
Española

CLUB ACTUAL
Club América Femenil

SANDRA PAÑOS

Las porteras modernas deben tener seguridad con ambas manos y ambos pies, y Sandra Paños es un buen ejemplo. Se siente cómoda saliendo del área para conectar pases y también tiene un sentido maravilloso de la posición que reduce las opciones de marcar de sus rivales. Inicia muchas de las jugadas de su equipo.

F. NACIMIENTO	04/11/1992
POSICIÓN	PORTERA
ESTATURA	1,69 M
DEBUT	2010
PIE PREFERIDO	DERECHO

GOLES ENCAJADOS
26

APARICIONES
45

PENALTIS PARADOS
2

PARADAS
64

PORTERÍAS A CERO
26

PENALTIS ENCARADOS
3

BALONES ATRAPADOS
21

DESPEJES DE PUÑOS
7

PALMARÉS EN CLUBES
⚽ Primera División: 2020, 2021, 2022, 2023, 2024
⚽ UEFA Women's Champions League: 2021, 2023, 2024
⚽ Copa de la Reina: 2017, 2018, 2020, 2021, 2022, 2024

PALMARÉS INTERNACIONAL
⚽ Nada hasta la fecha

ÁREAS DE ACTIVIDAD

KAILEN SHERIDAN

Kailen Sheridan, que está entre las mejores porteras-líberas de Canadá, siempre está pendiente del juego antes de que llegue a ella, lista para hacer pases que pueden abrir a un equipo. Es una figura imponente atrás, detiene cabezazos y chutes y puede despejar de puños un peligro claro si es la mejor opción.

NACIONALIDAD
Canadiense

CLUB ACTUAL
San Diego Wave

1

F. NACIMIENTO	16/07/1995
POSICIÓN	PORTERA
ESTATURA	1,77 M
DEBUT	2013
PIE PREFERIDO	DERECHO

GOLES ENCAJADOS
48

APARICIONES
50

PENALTIS PARADOS
3

PORTERÍAS A CERO
21

PARADAS
160

PENALTIS ENCARADOS
9

BALONES ATRAPADOS
44

DESPEJES DE PUÑOS
20

PALMARÉS EN CLUBES
⚽ NWSL Shield: 2023

PALMARÉS INTERNACIONAL
⚽ Juegos Olímpicos: 2020 (2021)

ÁREAS DE ACTIVIDAD

NACIONALIDAD
Australiana

CLUB ACTUAL
Melbourne Victory

LYDIA WILLIAMS

Pese a haber superado las 100 convocatorias con su selección y tener una carrera estelar en las mejores ligas del mundo, Lydia Williams sigue queriendo jugar y ganar. Tiene unas manos seguras cuando se enfrenta a amenazas aéreas y es buena a la hora de prever los chutes, lo que le da un momento para reaccionar antes.

F. NACIMIENTO	13/05/1988
POSICIÓN	PORTERA
ESTATURA	1,75 M
DEBUT	2008
PIE PREFERIDO	DERECHO

GOLES ENCAJADOS
35

APARICIONES
19

PENALTIS PARADOS
0

PARADAS
52

PORTERÍAS A CERO
4

PENALTIS ENCARADOS
1

BALONES ATRAPADOS
7

DESPEJES DE PUÑOS
12

PALMARÉS EN CLUBES
⚽ A-League Championship: 2012 (Canberra United FC), 2020 (Melbourne City)
⚽ A-League Premiership: 2012, 2014 (todas con Canberra United FC), 2020 (Melbourne City)

PALMARÉS INTERNACIONAL
⚽ Copa Asiática Femenina de la AFC: 2010

ÁREAS DE ACTIVIDAD

MANUELA ZINSBERGER

Con sus paradas sólidas y su capacidad acrobática, Manuella Zinsberger plantea todo un desafío para las mejores atacantes del mundo. Se adapta bien a las tácticas basadas en pases porque tiene seguridad a la hora de pasar el balón a una defensa o centrocampista.

NACIONALIDAD
Austriaca

CLUB ACTUAL
Arsenal

1

F. NACIMIENTO	19/10/1995
POSICIÓN	PORTERA
ESTATURA	1,77 M
DEBUT	2010
PIE PREFERIDO	DERECHO

GOLES ENCAJADOS
39

APARICIONES
45

PENALTIS PARADOS
0

PARADAS
94

PORTERÍAS A CERO
17

PENALTIS ENCARADOS
2

BALONES ATRAPADOS
31

DESPEJES DE PUÑOS
7

PALMARÉS EN CLUBES
- ⚽ Frauen Bundesliga: 2015, 2016 (todas con Bayern de Múnich)
- ⚽ DFB-Pokal Faruen: subcampeona 2018 (Bayern de Múnich)
- ⚽ Women's FA League Cup: 2023, 2024

PALMARÉS INTERNACIONAL
- ⚽ Nada hasta la fecha

ÁREAS DE ACTIVIDAD

ENTRENADOR@S

No pueden marcar goles o hacer paradas, pero su trabajo y sus decisiones son cruciales para el modo en que juegan sus equipos. Eligen a las jugadoras para cada partido y deciden tácticas y sustituciones. Entrenan al equipo, ayudan a comprar y vender jugadoras y hablan con los medios. Son representantes del club. Sin embargo, son deportivamente diferentes. En ocasiones fueron grandes jugador@s, o tuvieron poco éxito en el campo antes de hacerse cargo del banquillo. En esta sección vamos a fijarnos en 12, en los trofeos que han ganado y en qué los sitúa como l@s mejores entrenador@s del fútbol femenino.

¿QUÉ SIGNIFICAN ESTAS ESTADÍSTICAS?

PARTIDOS DIRIGIDOS

Es el número de partidos que ha dirigido el durante las temporadas 2022/23 y 2023/24 en el fútbol de primer nivel. Si trabajan (o trabajaban) en la NWSL, las fechas se refieren a las temporadas de 2022 y 2023.

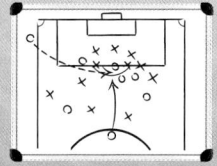

EQUIPOS ENTRENADOS

La cifra se refiere al número de clubes (solo primeros equipos) que ha dirigido durante su carrera hasta la fecha.

VICTORIAS, EMPATES Y DERROTAS

Es el número de partidos que ha ganado, empatado o perdido durante el periodo de dos temporadas, incluyendo uno de los partidos de una eliminatoria a dos partidos, incluso si la eliminatoria se perdió con la suma de goles o en los penaltis.

TÍTULOS Y TROFEOS

Los tres campos incluyen sus éxitos durante el periodo de dos temporadas en las categorías domésticas, copas de liga y nacionales y competiciones de clubes intercontinentales.

¿Lo sabías?

Emma Hayes (arriba) entrenó al Chelsea durante 12 temporadas hasta julio de 2024 y desarrolló un equipo que buscaba dominar los partidos. El Chelsea registró una media de una posesión del 60 % durante la temporada 2023/24 de la WSL.

JUAN CARLOS AMORÓS

Juan Carlos Amorós es muy eficaz a la hora de mejorar a las jugadoras de su equipo y cambiar la suerte de un club. Exige una disposición organizada, pero, en cuanto su equipo se hace con la posesión, pueden surgir oportunidades de ataque. Juan Carlos Amorós fue elegido entrenador del año de la NWSL de 2023.

NACIONALIDAD
Española

CLUB ACTUAL
NY/NJ Gotham FC

AÑOS COMO ENTRENADOR: 13

PRIMER CLUB: TOTTENHAM WOMEN

CLUBES ENTRENADOS	PARTIDOS	TÍTULOS DE LIGA
4	40	1

VICTORIAS	EMPATES	DERROTAS
18	10	12

TROFEOS DE CHAMPIONS LEAGUE	OTROS TROFEOS
0	0

PALMARÉS EN CLUBES
- NWSL Championship: 2023

*Excluyendo supercopas

SONIA BOMPASTOR

Después de ocho años entrenando en la academia del Lyon, Bompastor se hizo cargo del primer equipo con un éxito instantáneo. En 2022, se convirtió en la primera en ganar la Women's Champions League como jugadora y como entrenadora. A las rivales les cuesta contener la flexibilidad de su equipo entre un sistema 4-3-3 y 4-2-3-1. Bompastor se unió al Chelsea en 2024.

NACIONALIDAD
Francesa

CLUB ACTUAL
Chelsea

AÑOS COMO ENTRENADORA: 3

PRIMER CLUB: LYON

CLUBES ENTRENADOS	PARTIDOS	TÍTULOS DE LIGA
2	65	2

VICTORIAS	EMPATES	DERROTAS
54	6	5

TROFEOS DE CHAMPIONS LEAGUE	OTROS TROFEOS
0	3

PALMARÉS EN CLUBES
- UEFA Women's Champions League: 2022 (Lyon)
- Division 1 Féminine: 2022, 2023, 2024 (todas con Lyon)
- Coupe de France Féminine: 2023 (Lyon)
- Trophée des Championnes: 2022, 2023 (todas con Lyon)

*Excluyendo supercopas

JONAS EIDEVALL

Jonas Eidevall es un personaje apasionado en la línea de banda. Es un entrenador muy técnico que hace al Arsenal jugar desde atrás y buscar la forma de superar la presión cuando no tienen el balón. Quiere que sus extremos atormenten a las defensas y conecten con una delantera centro potente alrededor del área.

NACIONALIDAD
Sueca

CLUB ACTUAL
Arsenal

AÑOS COMO ENTRENADOR: 15

PRIMER CLUB: LUNDS BK

CLUBES ENTRENADOS	PARTIDOS	TÍTULOS DE LIGA
3	54	0

VICTORIAS	EMPATES	DERROTAS
36	6	12

TROFEOS DE CHAMPIONS LEAGUE	OTROS TROFEOS
0	2

PALMARÉS EN CLUBES
⚽ Damallsvenskan: 2013, 2014, 2019 (FC Rosengard)
⚽ Women's FA League Cup: 2023, 2024

*Excluyendo supercopas

JONATAN GIRÁLDEZ

Gracias al estilo de juego atractivo de Giráldez, el Barcelona lo ha conquistado todo en España y en Europa. Durante su periodo en el equipo, sus talentosas jugadoras dominaban los partidos con habilidad y fuerza, haciendo pases rápidos con uno o dos toques buscando espacios para superar a las defensas. Giráldez se fue a entrenar en la NWSL en 2024.

NACIONALIDAD
Española

CLUB ACTUAL
Washington Spirit

AÑOS COMO ENTRENADOR: 3

PRIMER CLUB: BARCELONA

CLUBES ENTRENADOS	PARTIDOS	TÍTULOS DE LIGA
2	80	2

VICTORIAS	EMPATES	DERROTAS
73	4	3

TROFEOS DE CHAMPIONS LEAGUE	OTROS TROFEOS
2	3

PALMARÉS EN CLUBES
⚽ UEFA Women's Champions League: 2023, 2024 (todas con Barcelona)
⚽ Liga F: 2022, 2023, 2024 (todas con Barcelona)
⚽ Copa de la Reina: 2022, 2024 (todas con Barcelona)
⚽ Supercopa de España: 2022, 2023, 2024 (todas con Barcelona)

*Excluyendo supercopas

LAURA HARVEY

Con trofeos en Inglaterra y en EE. UU., Laura Harvey se centra en pequeños detalles que pueden marcar una gran diferencia durante un partido. Cada jugadora conoce su función en las fases de ataque y de defensa, y dar libertad a las extremos es el camino que Laura Harvey elige para derrotar a los equipos que se cierran atrás.

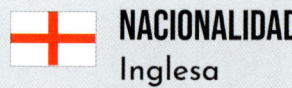 **NACIONALIDAD**
Inglesa

CLUB ACTUAL
Seattle Reign FC

AÑOS COMO ENTRENADORA: 17

PRIMER CLUB: BIRMINGHAM CITY

CLUBES ENTRENADOS	PARTIDOS	TÍTULOS DE LIGA
5	45	0
VICTORIAS	EMPATES	DERROTAS
19	8	18
TROFEOS DE CHAMPIONS LEAGUE	OTROS TROFEOS	
0	0	

PALMARÉS EN CLUBES
- ⚽ NWSL Shield: 2014, 2015, 2022
- ⚽ Women's Super League: 2011, 2012 (Arsenal)
- ⚽ Women's Premier League: 2010 (Arsenal)
- ⚽ Women's FA Cup: 2011 (Arsenal)

*Excluyendo supercopas

EMMA HAYES

Después de lograr un montón de medallas en el Chelsea, Hayes dejó el fútbol de clubes para hacerse cargo de la selección de EE. UU. en 2024. Infunde una mentalidad ganadora en su equipo y logra inspirar tanto a nivel individual como colectivo. Emma Hayes es astuta desde el punto de vista táctico y prepara cada partido sabiendo cómo explotar las debilidades de los equipos rivales.

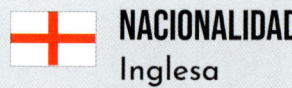 **NACIONALIDAD**
Inglesa

CLUB ACTUAL
Selección nacional femenina de EE. UU.

AÑOS COMO ENTRENADORA: 22

PRIMER CLUB: LONG ISLAND LADY RIDERS

CLUBES ENTRENADOS	PARTIDOS	TÍTULOS DE LIGA
4	64	2
VICTORIAS	EMPATES	DERROTAS
49	7	8
TROFEOS DE CHAMPIONS LEAGUE	OTROS TROFEOS	
0	1	

PALMARÉS EN CLUBES
- ⚽ Women's Super League: 2015, 2018, 2020, 2021, 2022, 2023, 2024 (todas con Chelsea)
- ⚽ FA WSL Spring Series: 2017 (Chelsea)
- ⚽ Women's FA Cup: 2015, 2018, 2021, 2022, 2023 (todas con Chelsea)
- ⚽ Women's FA League Cup: 2020, 2021 (todas con Chelsea)

*Excluyendo supercopas

JEFF HOPKINS

Jeff Hopkins, el entrenador con más éxito de la A-League (antigua W-League), exprime al máximo el talento de sus jugadoras. Fusionando la veteranía con los talentos nuevos, el entrenador proporciona una gran confianza a su equipo para superar cualquier reto al que se enfrente con tácticas muy bien ensayadas y asimiladas.

NACIONALIDAD
Galesa

CLUB ACTUAL
Melbourne Victory

AÑOS COMO ENTRENADOR: 25

PRIMER CLUB: GIPPSLAND FALCONS

CLUBES ENTRENADOS	PARTIDOS	TÍTULOS DE LIGA
4	43	0

VICTORIAS	EMPATES	DERROTAS
17	16	10

TROFEOS DE CHAMPIONS LEAGUE	OTROS TROFEOS
0	0

PALMARÉS EN CLUBES
- ⚽ A-League: Premiers 2019
- ⚽ A-League: Champions 2021, 2022
- ⚽ A-League: Premiers 2009 (Brisbane Roar Women's)
- ⚽ A-League: Champions 2009, 2011 (Brisbane Roar Women's)

*Excluyendo supercopas

ANTE JURIC

El Sydney FC de Ante Juric está muy bien preparado para luchar por títulos todos los años, ya que es una unidad defensiva potente y tiene buena visión de la posesión y energía en sus ataques. Su estilo 4-3-3 puede pasar a uno con tres defensas si se necesitan más jugadoras en el centro del campo para superar a las rivales.

NACIONALIDAD
Australiana

CLUB ACTUAL
Sydney FC

AÑOS COMO ENTRENADOR: 7

PRIMER CLUB: SYDNEY FC

CLUBES ENTRENADOS	PARTIDOS	TÍTULOS DE LIGA
2	46	0

VICTORIAS	EMPATES	DERROTAS
28	8	10

TROFEOS DE CHAMPIONS LEAGUE	OTROS TROFEOS
0	0

PALMARÉS EN CLUBES
- ⚽ A-League: Premiers 2021, 2022, 2023
- ⚽ A-League: Champions 2019, 2023

*Excluyendo supercopas

CASEY STONEY

Tras ser elegida entrenadora del año de la NWSL en 2022, Casey Stoney ganó la Shield y la Challenge Cup los dos años siguientes. Su equipo es valiente con la posesión y crea patrones de ataque que obligan a las rivales a usar su energía para perseguir y quedarse detrás del balón. Derrotar a esta entrenadora nunca es fácil.

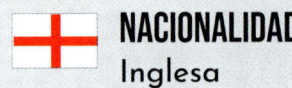

NACIONALIDAD
Inglesa

CLUB ACTUAL
Sin confirmar

AÑOS COMO ENTRENADORA: 15

PRIMER CLUB: CHELSEA

CLUBES ENTRENADOS	PARTIDOS	TÍTULOS DE LIGA
3	47	1

VICTORIAS	EMPATES	DERROTAS
22	10	15

TROFEOS DE CHAMPIONS LEAGUE	OTROS TROFEOS
0	1

PALMARÉS EN CLUBES
- ⚽ NWSL Shield: 2023
- ⚽ NWSL Challenge Cup: 2024
- ⚽ FA Women's Championship: 2019 (Manchester United)

*Excluyendo supercopas

ALEXANDER STRAUS

Straus ha dominado la liga alemana desde que se unió al Bayern en 2023, donde solo ha perdido un partido de liga en sus dos primeras temporadas. Su estilo es hacerse con el control del juego pronto, dando a su equipo instrucciones de que sobrecarguen el centro del campo y creen ocasiones de gol. El Bayern también se esfuerza por recuperar la posesión con rapidez.

NACIONALIDAD
Noruega

CLUB ACTUAL
Bayern de Múnich

AÑOS COMO ENTRENADOR: 11

PRIMER CLUB: NEST-SOTRA

CLUBES ENTRENADOS	PARTIDOS	TÍTULOS DE LIGA
3	44	2

VICTORIAS	EMPATES	DERROTAS
38	5	1

TROFEOS DE CHAMPIONS LEAGUE	OTROS TROFEOS
0	0

PALMARÉS EN CLUBES
- ⚽ Frauen Bundesliga: 2023, 2024
- ⚽ Toppserien: 2021, 2022 (todas con SK Brann)

*Excluyendo supercopas

TOMMY STROOT

NACIONALIDAD
Alemana

Tommy Stroot cumplió 36 años en 2024, pero ya tiene una carrera impresionante gracias a sus habilidades en el campo de entrenamiento y desde la banda durante los partidos. El alemán sabe cómo gestionar las exigencias de las agendas apretadas de la liga y las competiciones europeas, y ha organizado una formación 4-3-3 o 4-2-3-1 que crea muchas ocasiones.

CLUB ACTUAL
VfL Wolfsburg

AÑOS COMO ENTRENADOR: 11

PRIMER CLUB: SV MEPPEN

CLUBES ENTRENADOS	PARTIDOS	TÍTULOS DE LIGA
3	55	0

VICTORIAS	EMPATES	DERROTAS
42	6	7

TROFEOS DE CHAMPIONS LEAGUE	OTROS TROFEOS
0	2

PALMARÉS EN CLUBES
- Frauen Bundesliga: 2022
- DFB Pokal: 2022, 2023
- Women's Eredivisie: 2019, 2021 (Twente)

*Excluyendo supercopas

GARETH TAYLOR

NACIONALIDAD
Galesa

Con un equipo como es el Manchester City, Gareth Taylor no tiene miedo de tomar decisiones importantes y dejar en el banquillo a jugadoras clave o usarlas como sustitutas para cambiar el curso de un partido. Una delantera centro que pueda aguantar bien el balón, extremos dinámicas y defensas que mantengan la calma cuando jueguen desde atrás son rasgos de su sistema como entrenador.

CLUB ACTUAL
Manchester City

AÑOS COMO ENTRENADOR: 4

PRIMER CLUB: MANCHESTER CITY

CLUBES ENTRENADOS	PARTIDOS	TÍTULOS DE LIGA
1	44	0

VICTORIAS	EMPATES	DERROTAS
33	3	8

TROFEOS DE CHAMPIONS LEAGUE	OTROS TROFEOS
0	0

PALMARÉS EN CLUBES
- Women's FA Cup: 2020, subcampeón 2022
- Women's FA League Cup: 2022

*Excluyendo supercopas

NOTAS